10년이 젊어지는
티벳 건강법

베일속에 감춰져 있던 고대 티벳의 비선(秘傳) 수행법 공개

10년이 젊어지는
티벳 건강법

박지명 편저

하남출판사

언제나 싱싱한 젊음을 원하는 이들에게

신비에 싸인 히말라야 그리고 티벳과 인도, 나는 이 히말라야와의 깊은 인연 때문에 오래전부터 자주 이곳에서 수행을 했고 그동안 여러 수행자들을 만났었다. 진정한 수행자를 만나기란 그리 쉽지 않았지만, 그 태고의 웅장한 자연의 배경 아래 아직도 오염되지 않은 자연과 인간의 삶을 볼 수가 있었다.

이 책은 티벳과 인도의 고대로부터 전해 내려오는 '젊음의 샘'의 비밀 – 곧 수행 행법 체조와 발성법 및 이완법, 호흡법 및 명상을 오랜 시간 연구한 결과, 현대인들에게 가장 무리 없이 적용시킬 수 있는 과학적으로나 의학적으로 매우 신속하고 정확한 효과를 볼 수 있는 방법들을 모아서 새롭게 편집한 것이다.

특히 여기에 나오는 티벳의 다섯가지 비밀 행법 체조는 우리의 모든 근육, 뼈, 신경, 내장 기관 및 내분비선 등에 아주 좋은 운동법이다.

  티벳과 인도 및 서구 각국에서는 이미 이 운동법이 회춘(回春)과 질병예방에 많은 도움이 된다는 임상 결과들이 나와 있다. 우리나라에도 여러 임상실험 결과가 나와 있기는 하지만 앞으로 더 많은 좋은 결실들이 있기를 진정으로 바라는 마음에서 이 글을 쓴다.

  다섯 가지의 티벳 수행법은 몸에 전혀 무리가 없으며 꾸준히 행함으로써 심신이 전체적으로 좋아질 수 있는 간단한 수행법이다. 그러나 그 효과는 놀랄 만큼 거대하다!

  또한 식이 요법과 발성법 및 다른 몇 가지 운동 행법과 명상법은 삶의 질을 개선시키고 심신의 활력을 최대로 높혀 준다. 다섯 가지 행법과 병행하여 꾸준히 실천하면 빠른 효과를 볼 수 있을 것이다. 이러한 방법들은 요즘처럼 복잡다양하고 바쁜 현대 산업 사회의 환경적, 인간적인 문제들을 슬기롭게 극복하게 하여 주고, 새로운 차원의 건강과 스트레스 없는 행복한 삶을 사는 지혜를 가르쳐 준다.

  건강과 젊음을 꿈꾸는 모든 이들에게 이 책을 바친다.

2002년 여름을 지나며
심백(心伯) 박지명

차 례

┃ 글을 시작하며 ┃

우리는 항상 보다 젊고 활기찬 삶을 살아가기 위해서 많은 노력을 한다. 그러나 세월의 시계바늘은 끊임없이 우리의 생체 리듬을 변형시키며, 계속해서 노화의 방향으로만 치달아 가고 있다.

사람이 나이를 먹어도 늙지 않고 젊음을 유지한다는 것은 기적이라고 할 수 있으며, 또한 자연의 섭리를 거역하는 행위라고도 할 수 있다. 그러나 진시황을 비롯하여 고래(古來)로부터 인류는 회춘(回春)의 비결을 알기 위하여 많은 연구와 노력을 거듭하여 왔다.

인도의 히말라야 오지(奧地), 그리고 티벳에서는 그러한 비밀스러운 회춘의 행법이 면면히 소수의 사람들에게만 전하여 내려오고 있다.

나는 그 위대한 자연에 대한 반역 행위인 비밀 행법이 더 쉽게, 그리고 널리 일반 대중들에게 무리 없이 전달되기를 바라는 마음으로 이 글을 쓴다. 그러나 이 책은 결코 모든 사람을 위한 것은 아니다.

노화가 역전된다는 비상식적인 견해를 진지하게 받아들일 수 있는 사람, 젊음의 샘의 존재를 순수하게 믿을 수 있는 사람만이 이 책을 읽고 그 비결을 터득할 수 있다.

일반적인 고정 관념에 고집스럽게 집착하거나 확신을 가지지 못한다면 그것은 시간 낭비일 것이며, 애초에 시작을 하지 않는 편이 좋을 것이다. 하지만 그러한 불가능한 일의 성사 여부가 진실로 당신의 손안에 있다고 확신한다면, 충분한 보상을 받을 수 있을 것이다.

젊음과 활력, 건강과 생명력, 힘을 계속 지속시키는 열쇠가 되는 이 다섯 가지의 고대 티벳 비전(秘傳)의 행법은 수천년 동안 단지 마술적인 신비한 행법으로서만 알려졌을 뿐, 거의 베일에 싸여 감춰져 있었다. 그러나 나는 지금도 실제로 이 행법을 꾸준히 행하고 있으며 다른 여러 사람들에게도 권해 보았다. 그 결과, 더 한층 이 행법의 효과에 대한 확신을 갖게 되었으며 다른 수행자들도 마찬가지의 경험을 하였다.

하지만 이 비밀스런 행법이 하룻밤 새에 당신을 변화시켜 주름

살을 사라지게 하고 장수를 보장한다고 약속할 수는 없다. 그러나 나는 이 행법이 더 젊어 보이게 하고 활력과 건강을 얻는 데 도움을 줄 수 있다는 사실은 분명하다.

만약 당신이 매일 이 행법들을 행한다면 꼭 한 달만에 눈에 띄는 변화를 느끼게 될 것이다. 그리고 10주가 지나면 아마 더 많은 이익을 보기 시작할 것이다.

당신의 진보가 어떻게 이루어지든 간에 더욱 더 젊고 건강해 보인다는 말을 친구들로부터 수없이 듣게 될 것이다.

다섯 가지 행법을 실제로 실시할 때 제기되는 가장 큰 의문은, 어떻게 그와 같은 일이 가능한가 하는 점이다. 어떻게 이러한 단순한 행법이 몸의 노화 과정에 그렇게 심오하고도 깊은 영향을 미칠 수가 있는 것일까?

이에 대한 해명은 과학적인 뒷받침을 통하여 이루어질 수가 있는데, 그것은 여러 가지 운동법이나 명상을 통해서도 경험할 수가 있다.

이 행법을 통하여 비가시적인 전자파 혹은 오오라(Aura)*에 의해 둘러싸인 몸을 보여 주는 키르리안(Kirlian) 사진*은 우리가 우주에 충만한 어떤 형태의 에너지에 의해서 '살고 있다'는 사실을 증명해 주는 것이다.

젊고 건강한 사람의 키르리안 사진의 오오라는 나이 들고 병든 사람의 그것과는 확실히 다르다.

나는 이 우주적인 에너지가 직접 우리 몸의 내분비계의 기능에 영향을 미친다고 본다.

이들 선(線)에 의해서 생겨난 호르몬은 우리의 모든 신체 기능을 조절한다. 의학적인 연구 보고 역시 노화의 과정조차도 호르몬 조절과 관련이 있다는 것을 확실하게 증명하고 있다.

뇌하수체는 사춘기가 시작되면서부터 '죽음의 호르몬'을 생산하기 시작한다.

이 '죽음의 호르몬'은 성장 호르몬과 같은 몸에 이로운 호르몬과는 상반된 작용으로서 우리의 세포와 기관을 점차적으로 퇴화시키고 마침내는 죽음에 이르게 한다. 곧 노화 과정을 통하여 세포 조직을 죽이는 것이다.

하지만 다섯 가지의 비밀 행법은 '죽음의 호르몬'을 막고 내분비계의 호르몬 분비를 정상화하는데 아주 이로운 효과를 가지고 있다.

그것을 수행하면 몸의 세포는 어린아이처럼 또 다시 세포 분열로 복제되고 증식하게 된다. 따라서 '더 젊게' 변화되는 자신을 보고 느낄 수 있다.

회춘과 장수, 건강에 대한 개념을 과학적으로나 의학적인 측면에서 보면 단순히 오래 산다는 것만을 의미하지는 않는다. 그것은 나이를 먹는 현상에 심리적인 의식의 형태와 생리적인 기능의 생태가 함께 결부되어야 한다.

우리는 현재 엄청난 정신적, 육체적, 환경적인 압박감 속에서
살고 있다. 그러한 현상의 요인으로는 다양하고 복잡한 현대 문
명 생활을 통한 심신의 누적된 피로와 스트레스, 목표 의식의 부
재, 휴식 없는 육체적 활동과 생리적인 압박감, 몸과 마음의 불
균형과 부조화, 공해, 오염, 그릇된 식생활과 운동 부족, 그리고
기후와 풍토 등 무수히 많다.

노화는 일반적으로 단백질의 변화와 유전 인자의 영향, 그리고
방사능에 의한 영향 등으로 촉진된다. 또한 노화의 과정은 기능
적, 기질적 장애와 방사능, 자외선, 덥고 추운 기후, 소음과 공해
로 뒤덮인 주거 환경, 음주와 흡연, 과식과 편식의 그릇된 식생
활 등 외부적이거나 환경적인 영향을 통하여 추진되기도 한다.

많은 성인병이 각종 스트레스와 식생활 습관 등 환경적인 요인
에 의해 생기며 심근경색, 관상동맥, 암, 뇌출혈 등이 노화와 질
병의 다변화 또는 주된 결과이다.

임상학적으로 성인병은 고혈당, 고 콜레스테롤증, 고혈압, 고
코레아티나혈증 등이며 소화 기능, 심장 기능, 내분비 기능, 혈
압 조절 기능 장애 등이 나타나며 기억력 저하와 노인성 치매도
따른다.

장수에 대한 과학적인 개념으로는 심장 혈관의 건강도, 일의
만족도, 긍정적인 건강의 습관, 육체적인 기능, 행복의 척도, 자
체 건강의 척도, 지성, 정신적인 건강으로 볼 수가 있다.

생리적인 상태의 측정 기준으로는 고혈압과 저혈압, 대뇌 혈액의 흐름, 뇌의 활성화, 청각의 분별력, 시력, 동적(動的) 평형의 유지 능력, 뇌파의 안정도이며 생화학적인 측정 기준으로는 콜레스테롤의 집중도, 헤모글로빈의 집중도이다.

심리학적으로는 스트레스에 대한 감수성, 학습 능력, 단기·장기적인 기억력, 기억의 조직화, 창조력, 추상적인 이성(理性), 지성(知性)이고, 심신의 조화에 있어서는 반응 속도와 감각능력의 수행 정도이며, 건강면에서 볼 때는 고혈압, 편식, 면역 체계의 효율성, 불면증, 잠의 질과 압박감 등으로 평가될 수가 있다.

이러한 질병과 노화를 극복하는 방법으로는 약물 요법, 적당한 운동, 비타민 C, E의 섭취, 고밀도 단백질의 섭취, 스트레스 해소, 정신적 안정과 깊은 호흡법, 명상 등이 있다.

그 중에서도 특히 이 다섯 가지 티벳과 비밀 행법은 간단하고 쉽지만 그 효과는 무엇과도 견줄 수 없을 만큼 뛰어나다. 이 행법은 호르몬 활동의 증가, 뇌 활동의 증가, 교감 신경을 자극하고, 혈관을 수축하여 이완과 긴장을 반복시켜 주고 중추신경의 활성화, 심폐기능의 강화, 성기능의 강화, 오장육부의 기능을 원활하게 하여 몸과 마음을 전체적으로 조화롭게 발전시켜 주는 독특한 수행법이다.

우리나라 사람의 평균 수명은 남자가 64세, 여자가 71세인데 이는 세계 5, 6위 정도이다.

이미 세계적으로 잘 알려진 장수 지방으로는 에콰도르 남단 안데스산맥 속의 비르카밤바(Birkabamba)계곡과 파키스탄의 훈자(Hunza)마을, 그리고 남부 소련의 코카사스 산맥의 그루지아가 있는데, 이 밖에도 중국의 카소카르와 일본의 오키나와 등도 좋은 환경을 지닌 장수 마을이다.

우리나라의 남해와 제주도, 지리산 자락과 해남 등도 좋은 지리적 조건을 가지고 있다.

이들 장수 마을에는 100세 이상의 남녀 노인들이 많다.

그들의 장수 비결은 오염되지 않은 좋은 환경, 가공하지 않은 곡식과 채소와 과일, 균형있는 식사, 그리고 열심히 일한 뒤의 충분한 휴식과 미네랄, 칼슘, 철분이 함유된 물과 농작물의 섭취, 낙천적이며 건강한 장수 가정끼리의 결혼 등에 의한 유전적 영향에 있다.

하지만, 이러한 모든 것들은 실제적인 수행이 없이는 불가능한 것으로서, 자신의 것으로 만들기 위해서는 심신의 기혈(氣穴)을 풀고 에너지의 맥을 열어서 차크라(Chakra)의 통로를 통해 에너지를 순환시켜야 한다.

그러면 어떠한 질병도 예방될 뿐만 아니라 진정 건강한 삶으로 인도될 것이다. 이 다섯 가지 행법과 기타 행법 속에 그 건강의 비밀 열쇠가 단계적으로 모두 들어 있다.

혹시 이 책에 나오는 장수의 개념이 막연하고 신비하게 여겨질

지 모르나, 옛부터 히말라야 오지에 전해 내려오는 회춘하는 건강의 비밀이 여기에 아주 소중하게 담겨 있는 것이다.

따라서 나는 이 간단한 히말라야 선인들의 깊은 지혜가 모두에게 전달되어 질병의 예방과 함께 그 치료와 건강 유지에 많은 도움이 되기를 바라는 바이다.

이 책에 소개된 다섯 가지 행법과 식이요법 외에 음성 요법과 티벳 이완 요법, 그리고 기타 운동 요법 및 명상 등은 일반인에게 잘 알려지지 않고 비전(秘傳)되어 내려오던 것들이다. 그것을 생활화하여 규칙적으로 실행하면 오염되고 혼탁해진 현대 산업 사회를 지혜롭게 헤쳐나가는 데 큰 도움이 될 것이다.

당신은 회춘 요법의 이론에 대하여 동의할 수도, 그렇지 않을 수도 있다. 하지만 이 책을 읽어 나감에 따라 찬성하거나 반대할 수 있는 많은 요소를 발견하게 될 것이다. 그러나 중심 주제가 당신을 혼란스럽게 하지는 않을 것이다.

다섯 가지 행법을 행하면 분명한 이익이 있는데, 그 행법들이 당신에게 어떤 효과와 변화를 주는지의 여부는 직접 시도해 보는 수밖에 다른 방법이 없다.

지금 당장 시도해 보라. 뜻밖의 보상과 이익은 당신 자신의 노력의 결과로서 주어질 것이다.

매일 행법을 행하기 위해서는 시간과 에너지를 기꺼이 투자해야만 한다.

만약 실시한 지 몇 주 후에 당신이 흥미를 잃고 행법을 소홀히 행하게 되었다면 최대의 결과를 기대하지는 말라. 하지만 다행히도 대부분의 사람들은 쉬울 뿐만 아니라 재미있는 이 다섯 가지 행법을 기꺼이 자신의 일과로서 받아 들인다.

단, 다섯 가지 행법을 행하면서 주의해야 할 두 가지 사항이 있다.

첫째, 당신이 보통 사람들의 제한된 사고와 견해를 뛰어넘을 수 있는 아주 특별한 사람임을 명심하라.

둘째, 당신은 재생하는 젊음과 활력에 대한 욕망을 성취하게 되었음을 알라.

당신이 자신에 대한 높은 존경심을 지닐 때 삶이 제공하는 최선의 것을 누릴 가치가 있으며, 이때 당신이 진실로 행할 수 있는 것은 자신을 사랑하는 일이다.

자아에 대한 사랑은 당신이 누구인지 무엇인지에 대한 깨달음을 얻게 할 수도 있고 젊음의 재생 과정을 크게 촉진시킬 수도 있다.

스스로를 부정적으로 생각하는 사람들은 노년의 황폐와 질병을 재촉할 뿐이다. 그러나 자신을 사랑하는 사람들은 모든 것을 희망차게 만든다.

그들은 자신의 삶을 진정으로 사랑하며, 또한 다른 사람들의 삶도 아끼고 사랑할 줄 안다.

오늘도 내게 주어진 삶을 보다 열심히 건강하게 만들기를 바란다.

* 오오라(Aura) : 인간의 몸에서 방사되는 에너지 빛, 기(氣)의 표현과 같다.
* 키르리안(Kirlian) 사진 : 에너지가 몸에서 방사되는 것을 찍은 사진.

다섯 가지 수행법을 통한 에너지의 각성

반복적으로 매일 다섯 가지 수행법과 호흡법, 정신 집중과 명상을 행함으로써 뼈와 근육, 내장 기관과 신경계, 그리고 에너지와 혈액의 흐름이 정상적으로 회복되기 시작하며 새로운 형태의 건강이 찾아온다. 그 때부터는 본인 스스로 자신을 아름답게 가꾸어야 하는 시간이다.

인체 내의 60조에 달하는 모든 세포에 연락을 취하여 통제하는 것은 신경 세포와 호르몬 분비 세포이며, 이들은 신경섬유를 통하여 전체 세포 조직의 항상성과 균형을 유지함으로써 근육을 통제한다. 그로 인해 모든 세포 조직과 내장 기관, 정신의 깊은 의식 상태가 서로 조화롭게 자각하고 느끼게 되는 것이다.

이러한 상태가 되기 위해서는 규칙적으로 에너지를 각성시키고 훈련시키는 노력에 얼마간의 시간을 투자해야만 한다. 에너지가 생성될 때, 우리의 육체와 정신은 삶의 힘과 향기로 빛나게 될 것이다.

요가 에너지의 수행에서 오는 그 힘을 쿤달리니(Kundalini)와 삭티(Shakti)라고 하는데, 이는 에너지의 코일처럼 잠재된 힘이며 항상 평형성의 유지를 꾀한다.

차크라(Chakra)는 에너지의 중심 부위이다. 우리 체내에는 이와 같은 에너지 중심 부위가 7군데 있다.

이 에너지의 힘은 72,000~84,000개의 에너지선을 통하여 오른쪽과 왼쪽의 양적인, 그리고 음적인 흐름을 통하여 규칙적으로 사용된다. 그러나 미묘한 중심선을 통해서는 작용하지 않는다.

이제 그 힘을 각성시키고 일깨워 척추를 통하여 에너지가 흐르게 해야 한다. 그 흐름은 척추의 중심 부위인 7개의 차크라를 통과하게 되는데, 그 통과 부위들은 우리가 눈으로 보고 느낄 수 있는 그러한 일반적인 척추가 아니다.

그 속에는 대단히 미세한 양적 에너지 통로인 핑갈라(Pingala)와 음적 에너지 통로인 이다(Ida), 그리고 중심 통로인 수슘나(Sushumna) 등 14개의 주요 통로가 있는데 이들을 통틀어 나디(Nadi)라 한다.

좀더 설명을 하자면, 수슘나라 불리는 척추선 내에는 더 미세한 선인 바즈라(Vajra)라는 선이 존재하며 그 속에는 더더욱 미세한 선인 치트리니(Chitrini)라는 선이 존재한다.

그 선을 통하여 쿤달리니가 마치 잠자던 뱀이 깨어난 것처럼 올라가면서 여섯 차크라를 각성시킨다. 쿤달리니를 각성시켜 여섯 차크라를, 나아가 몸 전체를 각성시키는 것이 주요 임무다.

여기서 우리는 잠재성이라는 개념을 조사해 볼 필요가 있는데, 그에 앞서 현대 물리학에서의 위치 에너지라는 개념을 짚고 넘어가자.

위치 에너지는 어떤 작용이 일어나지 않도록 균형을 유지시켜 주는 내적 에너지를 의미한다. 이 에너지의 가장 잘 알려진 형태는 물체를 바닥에서 들어 올려 테이블 위에 놓는 경우이다.

물체를 끌어올리는데 소비된 에너지가 그 물체 속에 내재하고 있다. 따라서 그 물체를 테이블 밑으로 떨어뜨리면 들어올리는데 소비된 에너지가 똑같이 떨어질 때도 나타난다.

원자가 분열할 때 나타나는 힘은 잠재된 에너지의 또 다른 경우인데, 그것은 자연이라는 광장 내에 소위 물질 세계나 각각의 세계로 불리는 외적 세계가 점차적으로 건설될 때 원자들 내에는 그 어떤 힘의 균형성이 유지되고 있다는 증거이다.

그럼, 이제 잠재 에너지에 대해서 고찰해 보자.

현대 물리학에 있어서의 정적 관성 혹은 동적 관성이라는 개념에 대하여 우리는 이미 잘 알고 있다.

당구공이 테이블 위에 멈추어 있을 때, 외부적인 자극이 없으면 계속 그 자리에 머물러 있게 된다. 그리고 움직이기 시작한 후 외부의 자극이 없으면 계속 수직선상으로 움직인다. 따라서 그 공이 어디로 갈 것인지를 추측할 수 있다. 그러나 곡선으로 움직이면 그 공이 어디로 갈지 예상하기 어렵다. 따라서 나는 코일 모양의 쿤달리니 그림을 생명력이나 곡선 관성력으로 감히 말하고자 한다.

동물이든 식물이든 살아 있는 생명체의 특징은 모두 곡선의 형태라는 점이다. 육체 내에 존재하는 쿤달리니 에너지는 외부로부터 육체내로 흡수되는 것이 아니라 내부로부터 솟아나는 것임을 알아야 한다. 편의상 충전된 배터리의 경우를 연상하면 된다.

그것은 DNA회로의 움직임과 우주의 창조와 소멸을 나타내는 블랙 홀(Black Hole)과 화이트 홀(White Hole)의 형상 에너지와도 비슷하다. 곧 삶의 전 과정이 하나의 법칙을 따라 움직이고 있는 것이다. 그리고 에너지가 방출될 때는 정해진 선을 따라간다. 곧 치트리니 선과 따라서 차크라 부위를 차례로 통과한다.

차크라는 육체의 기둥과 관련을 맺고 있지만 그 자체가 원천은 아니다. 그것은 기계와 같다. 프리즘과 스펙트럼간의 유사성을 생각해 보면 여러 차크라를 통하여 작용하는 힘의 효과와 기능을 이해하는데 한결 도움이 된다. 혹은 한 회로 내에 있는 다른 빛깔의 전구나 전기 기계를 생각할 수도 있다.

에너지 이론에 있어서 쿤달리니 여섯 에너지를 통과한 후 정수

리에 도달하면 천 개의 내면의 연꽃이라 표현되는 육체 에너지는 정신적 에너지와 결합하여 모든 에너지의 중심 부위에 새로운 빛을 비추며 척추 밑의 자신의 고향으로 되돌아간다.

그때 육체의 기능들은 완전히 꽃을 피우고 새로운 아름다움과 힘을 가지며 우리를 진화된 삶으로 인도하는 정신적인 자유 의지를 갖게 된다. 따라서 단순한 준비 단계를 벗어나 정신적인 힘에 의해서 모든 육체의 기능들이 정화되고 새롭게 탄생되어 젊어지고 건강해지게 된다. 그리하여 이러한 육체적인 건강의 기쁨과 함께 에너지의 힘을 키우고 정신적인 삶의 풍요를 더욱 확실하게 몸으로 느끼며 영적인 진보를 행하게 되는 것이다.

추상적인 에너지에 대한 수많은 이론들을 실천적인 관점으로 전환시켜 주는 앞으로 소개될 다섯 가지의 수행법과 몇몇 보조 요법과 행법, 그리고 명상에 의해 더욱 건강하고 성공적이며 희열에 찬 자아 완성의 삶을 살 수가 있을 것이다.

청 춘(靑春)

청춘이란 인생의 어느 시간대를 말하는 것이 아니며 마음의 상태를 말하는 것이다.

강력한 의지, 뛰어난 상상력, 불타는 정열, 겁내지 않는 용맹심, 안이함을 뿌리치는 모험심, 이러한 상태를 청춘이라 한다.

세월을 거듭하는 것만으로 사람은 늙지 않는다. 이상을 잃을 때 비로소 늙게 된다. 세월이 흐르면 피부에 주름살이 생기듯 정열을 잃으면 정신이 시든다. 고민, 의심, 불안, 공포, 실망 등이 마치 긴 세월처럼 사람을 늙게 하고 정기 있는 영혼을 죽게 한다.

나이가 70세이든 16세이든 누구나 가슴속에 간직할 수 있는 것은 경이에의 애모심, 곧 하늘의 별들 그리고 그 별처럼 빛나는 사물과 이상에 대한 흠모, 앞을 가로막는 장애에 대한 불굴의 도전의식, 어린아이와 같은 끊임없는 탐구심, 인생에 대한 환희와 흥미인 것이다.

신념을 가지면 젊어지고 의혹을 가지면 늙는다. 자신감을 가지면 젊어지고 두려움을 가지면 늙는다. 희망이 있으면 젊어지고 절망이 있으면 늙는다.

영감이 끊어지고 비탄의 백설이 온통 사람의 마음을 뒤덮고 냉소의 얼음이 입을 굳게 봉하면 그때 비로소 사람은 진정으로 늙게 되며 신의 자비를 구할 수밖에 없게 되는 것이다.

제1장

젊음의 샘

- 다섯 가지 수행법

모든 사람들은 오래 살기를 희망한다.
그러나 어느 누구도 늙지 않을 수가 없다.
-조나단 스위프트-

　우리 몸에는 눈에 보이지는 않지만 그럼에도 불구하고 실제로 존재하는 강력한 전기장인 '일곱 개의 에너지 중심'이 있는데, 그것을 '에너지의 소용돌이'라고도 하고 요가에서는 '챠크라'라고도 한다.

　이 일곱 개의 소용돌이는 각각 내분비계의 관이 없는 선(腺)들 중 하나의 중앙에 위치한다.

　그리고 그곳에서 선의 호르몬적 분비를 자극하는 기능을 행한다. 또한 그것은 소화 작용을 포함해서 신체의 모든 기능들을 조절한다.

　가장 낮은 첫 번째 소용돌이는 생식선에 위치한다.

두 번째는 복부의 췌장에 위치하며, 세 번째는 태양 신경총의 영향을 받는 망상 조직의 아드레날린선에 위치한다.

네 번째는 가슴의 흉선에 위치한다.

다섯 번째는 목안의 갑상선에 위치하며, 여섯 번째는 뇌의 후부 아래에 있는 송과선에 위치한다.

마지막으로 일곱 번째의 가장 높이 있는 소용돌이는 뇌의 전면 기저에 있는 뇌하수체에 위치한다. *

몸의 일곱개 에너지 소용돌이는 일곱 개 내분비선의 중심이다.

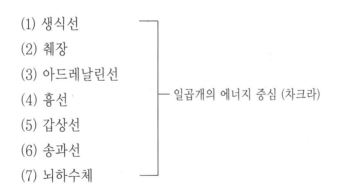

(1) 생식선
(2) 췌장
(3) 아드레날린선
(4) 흉선 — 일곱개의 에너지 중심 (차크라)
(5) 갑상선
(6) 송과선
(7) 뇌하수체

* 우리 몸의 에너지 중심인 소용돌이나 차크라들이 수없이 많다 하여도 결국 일곱의 핵심되는 중심부위에 귀착된다. 원래는 무릎 부위에 대한 언급도 있었으나 뒤에 바뀌었으며, 에너지 소용돌이를 내분비선에는 연결시키지 않았다.

　이 에너지의 소용돌이는 모두 빠른 속도로 회전한다. 이 때 몸도 동시에 같은 속도로 회전하며 완전한 건강을 되찾는다.
　소용돌이의 속도가 느릴 때 나이를 먹게 되고 육체적으로 약해진다.

몸의 일곱 소용돌이 또는 에너지 중심인 차크라

건강한 신체에서 각각의 이런 소용돌이들은 소위 프라나(Prana) 혹은 에테르(Ether) 에너지라고 하는 필수 생명 에너지를 발산하면서 내분비계를 통해 위쪽으로 빠르게 순환한다.

그러나 이런 소용돌이중 하나 또는 그 이상의 속도가 저하되기 시작하면 필수 생명 에너지의 흐름은 저지 당하거나 방해를 받게 된다. 그리고 그것은 다시 말해 노화와 허약의 시작이다.

이러한 회전하는 소용돌이들은 건강한 사람일 경우, 육체로부터 바깥쪽으로 뻗어나간다. 하지만 노인들, 허약한 병자들의 그것은 외부에 도달하기가 무척 어렵다.

젊음을 되찾는 가장 빠른 길은 이런 에너지 중심들이 다시 정상적으로 회전하도록 하는 것이다. 그것을 이루는 다섯 가지의 간단한 체조법이 있는데 한 가지 한 가지가 모두 유용하지만 최고의 효과를 보기 위해서는 다섯 가지 체조 모두가 필요하다.

이 다섯 가지 체조는 실제로 전혀 체조라고 할 수 없는 것으로, 히말라야 오지의 티벳 수도원에서 승려들이 행하던 의식과도 같은 것이다.

이 행법들을 실제로 행하게 되면 뼈와 근육, 신경계는 물론 내장 기관에도 많은 영향을 끼치게 된다. 그리고 나아가서 그러한 생리적인 역동성과 조화뿐만 아니라 자체 에너지를 생성시켜 모든 신경계를 활성화시키고 에너지의 생명력을 전신에 불어넣게 된다.

또한 이 행법들을 반복적으로 계속함으로써 시간이 지날수록 그 효과가 배가 되는데 그것이 바로 중단 없이 지속할 수 있는 이유이기도 하다.

이 다섯 가지 행법은 정말로 간단한 운동법이다. 그러나 처음 하는 사람에게는 쉽지 않을 수도 있다. 왜냐하면, 행법 자체는 간단하지만 근육과 뼈와 신경을 강하게 당겨 주고 자극시켜 주며 심폐기능과 장 기능을 활성화시켜 주기 때문이다. 그러므로 처음 에는 몇 번씩만 반복적으로 행하여 숙달시킨 다음 서서히 횟수를 증가시켜 나간다.

처음부터 절대로 무리하게 진행해서는 안되며, 속도도 천천히 행하는 것이 바람직하다.

수행과 더불어 육체적인 자각을 자동적으로 느끼게 된다. 육체 적인 행법을 통해 호흡과 정신이 자연스럽게 집중되기 때문이다.

행하다 보면 다섯 동작 중에 힘들게 느껴지는 것이 있을 것이 다. 그것은 그 부위의 근육이나 신경이 행법을 통하여 풀려 나가 는 과정이기 때문이며, 중단하지 말고 계속해서 수행해 나가면 차츰 나아질 것이다.

아주 힘들거나 도저히 행할 수가 없는 동작이 있다면, 일단 그 행법은 넘어가고 다른 행법을 계속하여도 좋다. 반복하는 과정에 서 결국 모든 행법이 가능해질 것이기 때문이다.

(1) 첫 번째 행법

첫 번째 행법은 소용돌이의 속도를 높이려는 특별한 목적을 위해 행해지는 것으로, 매우 간단하다.

아이들이 보통 놀이를 할 때 자주 이것을 행한다. 바닥에 평행하도록 양팔을 뻗고 바로 서서 약간 현기증이 날 때까지 빙글빙글 돈다.

중요한 점은 왼쪽에서 오른쪽으로 돌아야 한다는 것이다.

곧 시계 방향으로 돌게 되는 것이다. 따라서 북극에서 남극 지점으로 회전하게 된다. 그러므로 다시 남극 방향에서 시작하여 회전이 한 번 끝나게 되면 1회전이 된다.

처음에는 대부분의 성인 남녀가 약 6번을 돌 수 있을 것이다. 초보자일 때는, 상당히 어려워하며 그 이상을 하려고 해서는 안 된다.

당신이 현기증으로 앉거나 눕고 싶다면 반드시 그렇게 해야 한다. 처음에는 약간 어지러울 정도까지만 이 행법을 행한다. 그러나 시간을 가지고 다섯 가지 행법 모두를 실천할 때, 당신은 종전보다 현기증을 덜 느끼고 점점 더 많은 횟수를 돌 수 있을 것이다.

바닥에 평행하도록 양팔을 벌리고 선다

〈첫 번째 행법 1〉

시계방향(왼쪽에서 오른쪽)으로 돈다

〈첫 번째 행법 2〉

처음에는 3~5회 정도에서 단계적으로 늘려간다

〈첫 번째 행법 3〉

한가지 힌트를 준다면 무용수나 피겨 스케이팅 선수들은 돌기 전에 눈의 초점을 바로 앞에 있는 한 점에 맞추어 고정시킨다.

그리고 일단 돌기 시작하면 가능한 한 오랫동안 그 점에 시선을 집중하지만 언젠가는 시야 밖으로 사라질 것이다. 그러면 머리는 나머지 당신의 신체와 함께 돌 수 있을 것이다. 이때 머리를 매우 빨리 돌린다. 그리고 가능한 한 빨리 초점을 다시 맞춘다. 이렇게 하면 현기증은 훨씬 덜할 것이다.

이 수행은 왼쪽에서 오른쪽으로, 시계 방향으로 돈다. 나이가 들었어도 꾸준히 반복함으로써 더 활력적이고 강하게 행할 수가 있다.

그러나 이 회전 동작은 과도하게 하지 않도록 한다. 지나치면 피로를 느끼거나 심하게 자극을 받아 현기증이 날 수 있다. 어쨌든 이것은 필수 생명 에너지의 흐름을 첫 번째로 촉진시키는 효과를 가져다 준다.

수도사들은 보통 백 번 정도 행하는데 심리적인 황홀감 때문에 정신적, 종교적 실수를 범할 수도 있다. 이 행법은 티벳의 수행자나 이슬람의 수피 수행자, 그리고 인도의 춤추는 수행자들이 행하는 행법이기도 한다.

이 회전의 과학적인 효과에는 여러 가지가 있는데 눈을 뜨고 돌기 때문에 뇌를 극도로 자극시킨다. 또한 피부에 탄력을 주며 스트레스와 긴장으로부터 벗어나게 하고 혈관과 근육을 수축시켜 생동감을 준다.

  마치 쇠를 달궜다가 식히듯이 긴장과 이완의 반복 작용에 의해 뇌를 활성화하게 한다. 눈을 뜨고 돌기 때문에 뇌 자극의 반사 운동으로 평형 감각을 유지시키고, 뇌를 긴장시킴으로써 교감신경을 자극하여 자율적으로 통제하게 해준다. 또한 뇌 활동이 증가됨으로써 뇌의 퇴화를 막아 주며 뇌의 좌우 균형 감각을 찾아준다.

  어쨌든 처음에는 무리하지 말고 서서히 횟수를 늘려 나가도록 한다. 꾸준하게 하면 어지러움, 메스꺼움 등이 덜하며 일반 활동과 같게 된다.

  처음에는 3~5회 정도에서 단계적으로 늘려 나가며 꾸준히 10주 정도 행하게 되면 전체적인 평형 감각 및 몸의 안정성을 느끼게 될 것이다. 회전속도는 처음에는 천천히 하고 나중에는 빨리 돌아도 상관이 없다.

(2) 두 번째 행법

두 번째 행법은 일곱 개의 소용돌이를 첫 번째 행법보다 훨씬 더 자극하는 방법이다. 이것은 행하기가 더 쉬운데 먼저 얼굴을 위로하고 바닥에 눕는다.

두꺼운 카펫이나 푹신한 매트리스 위에 눕는 것이 제일 좋다. 그 이유는 차가운 바닥으로부터 신체를 격리시키려는 목적 때문 이다.

일단 등을 쭉 펴고 팔을 완전히 옆구리에 붙인다. 손바닥은 방 바닥을 향하도록 하여 손가락을 붙인다. 그리고 머리를 들어 올려 턱이 가슴을 향하도록 한다. 이 상태에서 수직 자세로 무릎을 굽히지 말고 다리를 들어올린다. 가능하다면 머리 쪽을 향해 다리를 뻗치도록 한다. 그러나 무릎을 굽혀서는 안 된다.

그리고 나서 천천히 머리와 다리를 제자리로 내린다. 무릎을 굽히지 말고 잠시 안정을 취한 뒤 이 행법을 반복한다.

각각의 반복에서 호흡 리듬을 따른다. 다리와 머리를 들어올릴 때는 깊게 숨을 들이쉬고, 내릴 때는 완전히 내쉰다. 같은 리듬 으로 호흡을 계속한다. 더 깊이 숨을 들이쉴수록 더 나아질 것이 다.

등을 펴고 팔은 옆구리에 붙인 채 바로 누우며 고개를 든다

〈두번째 행법 1〉

턱을 가슴쪽으로 당기고 숨을 들이쉬면서 다리를 들어 올린다

〈두번째 행법 2〉

무릎을 굽히지 말고 수직으로 들어올렸다가 내릴 때 숨을 내쉰다

〈두번째 행법 3〉

무릎을 완벽하게 펼 수가 없다면 그때는 필요한 만큼만 굽힌다. 하지만 이 행법을 계속 수행하면서 가능한 한 똑바로 펴 보도록 시도한다.

어느 나이 많은 노인이 이것을 행하려고 하였을 때, 그는 늙고 노쇠하여 곧은 자세로 다리를 올릴 수 없었다고 하였다. 그래서 그는 굽은 자세로 다리를 올리는 것부터 시작하였다. 결과적으로 그는 무릎까지는 똑바로였고 나머지는 그렇지 않았다.

그러나 조금씩 그는 다리를 똑바로 펼 수가 있었고 석 달 후에는 완벽하게 해 낼 수가 있었다.

티벳의 라마들은 이렇게 하여 건강과 젊음을 회복하였다.

그들은 고산 지대에서 노동을 하면서 사는데, 나이 많은 노인이 무거운 짐을 먼 곳으로 옮기기도 한다. 그러면서도 결코 멈추거나 지치지도 않고 거뜬하게 짐을 옮긴다.

이 행법의 효과는 척추 신경과 성 기능, 그리고 오장 육부의 기능을 강화시켜 주는 데 있다.

일반적으로 이와 비슷한 운동들이 많은데 그것은 대부분 복근을 강화시켜 주며 하체의 힘을 키우기 위함이다. 그리고 골반과 선골의 허약함을 보완시켜 주며 자기 스스로 척추의 진단을 내려 통증의 유무, 척추 신경의 강인함, 에너지와 정력의 척도를 확인할 수 있는 좋은 운동법들이다.

특히 행법은 경추와 견갑골의 통증에 효과가 있으며, 허리가 약한 사람은 반복적으로 행함으로써 큰 효과를 볼 수 있다.

요배근과 대둔근, 아킬레스건에 이완 작용을 하여 주며 디스크를 예방하고 다리를 튼튼하게 하여 준다.

그러나 디스크가 심한 사람은 이 행법을 무리하게 행하지 말아야 한다.

(3) 세 번째 행법

세 번째 행법은 두 번째 행법 후에 곧바로 실행되어야 한다. 이 것 또한 매우 간단하다. 등을 똑바로 펴고 바닥에 무릎을 꿇는다. 손은 뒤쪽 넓적다리에 댄다.

이제 머리와 목을 턱이 가슴에 닿도록 앞으로 굽힌다. 그리고 나서 목과 머리를 최대한 뒤로 젖히는데 이때 척추는 아치 형태가 되도록 한다. 아치를 형성할 때, 팔과 손은 지지(支持)를 위하여 넓적다리에 고정시킨다. 다시 본래의 자세로 돌아온다. 그리고 이 의식을 반복한다.

두 번째 행법과 같이 규칙적으로 호흡해야 한다.

척추를 젖힐 때 깊게 숨을 들이쉬고 꼿꼿한 자세로 되돌아 올 때 숨을 내쉰다.

깊은 호흡은 매우 유익하므로 가능한 한 많은 공기를 허파로 들이마신다.

라마인들은 이 행법을 수행할 때 정신 집중을 위해서 눈을 감는다. 그렇게 하여 그들은 주위의 산만함을 제거하고 그들 자신의 내부에 초점을 맞추는 것이다.

수 천년 전에 라마인들은 생명에 관한 많은 의문들의 해답은 모두 마음 속에서 발견된다는 것을 알았다.

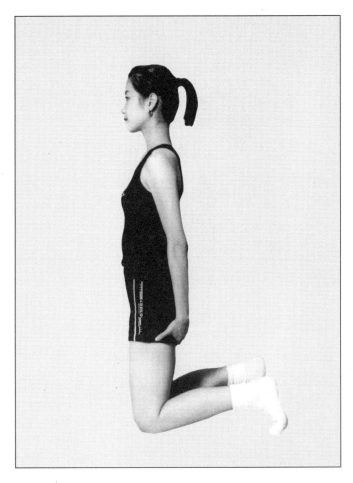

등을 똑바로 펴고 무릎을 꿇고 앉는다. 손은 넓적다리 뒷쪽에 댄다

〈세 번째 행법 1〉

턱이 가슴에 닿도록 고개를 숙인다

〈세 번째 행법 2〉

고개를 최대한 뒤로 젖히며 숨을 들이 쉰다.
척추가 아치 형태가 되게 한다.

〈세 번째 행법 3〉

또한 그들은 우리의 삶을 창출하는 모든 것들이 개체로부터 기원한다는 것을 발견하였다. 그러나 대다수 사람들의 삶은 물질 세계의 통제할 수 없는 힘에 의해 결정된다고 생각한다.

예를 들면 대부분의 사람들은 우리 몸이 늙고 기력이 저하되는 것은 자연의 법칙이라고 생각한다. 반면에 라마들은 마음의 눈을 가지고 이것이 자기 의지대로 충분히 조절될 수 있음을 알고 있는 것이다.

라마들 중 이런 특별한 수도를 하는 사람들은 세상을 위해 위대한 일을 수행하고 있는 것이다. 그들은 정신적인 면에서 지구상의 인류를 돕는다.

어느 날 세상은 깜짝 놀라서 이런 라마들과, 다른 눈에 보이지 않는 힘들에 의해 행해진 위대한 결과를 보게 될 것이다.

신세대가 떠오르며 신세계가 열리는 때가 빠르게 다가오고 있다. 인간의 의지로 내부의 강력한 힘을 해방시켜 전쟁, 질병, 증오, 슬픔을 극복할 때가 있을 것이다.

실제로 오늘날 소위 문명화된 인류는 가장 혹독한 암흑의 시대를 살고 있다. 그렇지만 우리는 이제 더욱 높고 영광스러운 것들을 준비하고 있다.

인식의 수준을 보다 높이 끌어올리려고 노력하는 우리 개개인은 전체로서 인류의 의식을 상승시키는 것을 돕고 있는 셈이다.

따라서 다섯 가지 행법을 수행하는 것은 우리가 성취하고자 하는 외형적인 소득을 훨씬 뛰어넘는 효과를 가지는 것이다.

이 세 번째 행법은 척추 신경 중에서도 경추에 대한 운동으로, 경추를 강화시키고 횡격막이 밑으로 내려오게 함으로써 폐 부위를 활성화하며 심폐기능을 강화시켜 준다.

견비통과 오십견에 효과가 좋으며 승모근, 광경근, 삼근, 대흉근, 견갑근을 스트레칭하여 주어 신경과 에너지를 활성화시킨다.

특히 이 운동은 두통, 축농증, 비후성 비염 등에 효과가 있다.

그 이유는 경추 부위의 근육, 뼈, 신경에 운동을 통하여 이완시켜 기와 혈의 순환을 원활하게 하기 때문이다.

경추 신경을 활성화함으로써 시각, 미각, 후각, 청각 등의 신경이 고르게 발달된다.

(4) 네 번째 행법

네 번째 행법은 처음에는 매우 어려워 보일 것이다. 그러나 일주일이 지난 뒤에는 다른 것들과 마찬가지로 간단하게 할 수 있다.

우선 다리를 곧게 뻗고 바닥에 앉는다. 그리고 두발 사이를 30cm정도 벌린다.

상체는 꼿꼿이 세우고 손바닥은 엉덩이 옆의 바닥에 댄다. 턱은 가슴에 닿도록 앞으로 굽힌다.

그리고 가능한 한 머리를 뒤로 젖힌다. 동시에 팔을 똑바로 펴고 무릎을 굽혀 상체를 올린다. 상체는 바닥과 평행을 이루면서 넓적다리와 일직선이 될 것이다.

팔과 종아리는 바닥과 수직을 이루며 곧게 뻗는다.

그리고 나서 신체의 모든 근육을 팽팽하게 긴장시킨다.

그런 다음 마지막으로 원래 자세로 되돌아올 때 근육을 풀어준다. 과정을 반복하기 전에 휴식을 취한다.

이 행법에 있어서 역시 호흡은 중요하다.

상체를 들어올릴 때 숨을 크게 들이쉬고 근육을 긴장시킬 때 멈추었다가 앉을 때 완전히 내쉰다. 반복 동작 사이의 휴식 시간에도 같은 리듬으로 호흡을 계속한다.

두 발 사이를 30cm 정도 벌리고 다리를 뻗고 앉는다

〈네 번째 행법 1〉

가슴에 닿을 정도로 턱을 앞으로 당긴다

〈네 번째 행법 2〉

가능한 한 고개를 뒤로 젖힌다

〈네 번째 행법 3〉

팔을 펴고 무릎을 굽혀 상체를 들어올린다

〈네 번째 행법 4〉

이때 숨을 크게 들이쉬며 바닥과 평행을 이루도록 한다

〈네 번째 행법 5〉

신체의 모든 근육을 팽팽히 긴장시키며 자연스럽게
숨을 멈출 수 있으면 멈춘다.

〈네 번째 행법 6〉

몸을 내리면서 숨을 내쉰다

〈네 번째 행법 7〉

이 행법을 완벽하게 실행하지 않으면 효과가 없다고 생각하는 것은 잘못된 생각이다. 다만 최선을 다해서 행함으로써 결과는 충분한 만족을 가져다 줄 것이다.

나이가 많은 사람들은 젊은 사람들보다 행하기가 어렵다. 특히 수평 자세를 유지하기가 힘들다. 꾸준하게 행하면 근육통을 느끼거나 힘들이지 않고 50번을 행할 수가 있다.

젊음과 노화, 활력과 허약 사이의 오직 한 가지 차이점은 소용돌이가 돌아가는 속도의 차이다. 속도를 정상화시켜야 한다. 그렇게 되면 노인은 다시 젊어지게 된다.

우리는 흔히 척추에 대한 운동이나 체조를 등한시하는 경우가 많은데 모든 병은 등에서부터 온다고 했다. 따라서 등 근육을 풀어주고 활성화시키면 오장 육부의 모든 운동 신경이 활발해진다. 그래서 지압이나 마사지, 척추 교정 및 운동요법에서는 이 등의 근육과 뼈, 신경을 매우 중요시한다.

이 네 번째 행법은 몸의 전후 근육과 뼈를 적절하게 스트레칭과 함께 교정시켜 주고 호흡과 운동을 통하여 에너지가 생성되게 해준다.

특히 복부 근육에 많은 자극을 주어 배가 들어가게 한다.

이 행법은 전신 운동이므로 등 쪽의 통증을 제거시켜 주며 성기능을 강화시켜 주어 자궁이 약하거나 냉증이 있는 여성의 경우 큰 도움이 된다.

또한 복근을 강화시켜 장 기능과 위장 기능을 활성화시키고 하복부 기능을 강화시켜 준다. 치질과 방광염에 도움을 주고 요실금을 치료하여 오줌 줄기가 고르게 나오게 하며 전립선 질병을 예방한다.

그리고 어깨 근육과 등 근육, 허리와 골반, 관절에 좋으며 척추를 활성화시키므로 오장 육부 전체의 기능을 조화롭게 한다.

특히 이 행법은 독특한 운동 체계와 호흡법 때문에 그 효과가 믿어지지 않을 정도로 빠르게 나타난다.

그것은 고대로부터 티벳의 옛 선인들이 오랜 세월에 걸친 연구와 직관적인 관찰의 결실로서 이루어 낸 행법이기 때문이다.

(5) 다섯 번째 행법

다섯 번째 행법을 행할 때는 몸의 전면(前面)이 바닥을 보도록 엎드려 손바닥을 바닥에 대고 팔로 몸을 지탱한다. 발뒤꿈치는 들고 발끝으로 몸무게를 지탱한다.

두 손과 발 사이를 각각 60㎝ 정도 떨어지게 공간을 둔다. 그리고 팔과 다리는 똑바로 유지해야만 한다.

팔은 바닥에 수직이고 척추는 아치를 그리는 형태로 몸을 휘어지게 한다.

이때 머리는 가능한 뒤로 뺀다. 그리고 나서 엉덩이를 굽히면서 몸을 거꾸로 된 (逆)V자의 상태로 만든다. 동시에 턱을 앞으로 당겨 가슴에 닿도록 한다.

원래의 상태로 되돌리며 계속해서 반복한다.

첫 주가 끝날 때쯤이면 이것이 가장 쉬운 행법이라는 사실을 알게 될 것이다.

일단 숙달이 되면 상체가 올라간 상태에서 거의 바닥에 닿도록 한다. 그러나 절대로 바닥에 닿으면 안 된다.

최고점과 최하점에서 잠시 동안 근육에 힘을 준다.

앞의 행법에서 행하였던 것과 같은 호흡 패턴을 따른다. 몸을 올릴 때 깊게 숨을 들이쉬고 내릴 때 완전히 내뱉는다.

두 팔과 발끝으로 몸을 지탱하며 엎드린다.

〈다섯 번째 행법 1〉

팔은 바닥에 수직이고 척추는 아치를 그리도록 몸을 휘어지게 한다.
이때, 숨은 들이쉰다.

〈다섯 번째 행법 2〉

엉덩이를 들어올리며 턱을 앞으로 당긴다.

〈다섯 번째 행법 3〉

숨을 내쉬면서 몸을 역(逆)V자 형태로 만든다.

〈다섯 번째 행법 4〉

이 운동은 일반적으로 등척성 수축운동이라 부르기도 하는데 심폐 기능과 복근을 강화시켜 주며 다리 근육을 단련시켜 준다.

견갑골, 다리와 어깨, 팔의 근육을 풀어주고 에너지가 흐르도록 하여 혈액 순환을 돕는다.

또한 골반과 요추 부위의 근육과 뼈에 유연성을 주어 신경이 잘 흐르게 하고 정력을 강화시킨다.

이 운동이 끝나면 원활한 혈액 순환 때문에 손바닥과 발바닥에서 짜릿한 감각을 느낄 수도 있다.

또한 척추의 전후 좌우의 유동성 중에 전방과 후방의 탄력성을 주고 팔과 다리, 어깨에 힘과 에너지를 불어넣어 준다.

근육의 스트레칭을 호흡과 함께 행함으로써 팔, 다리, 허리에 에너지 공급을 원활하게 하여 강하고 활기차게 만들어 준다.

척추의 윗부분은 머리와 경추, 흉추 부위와 심폐기능을 담당하고 중간 부분은 오장육부와 요추 부위를 담당하고 아랫부분은 생식기와 배설기, 골반과 선골, 미골을 담당한다.

이 척추의 세 가지 층이 활성화되고 안정되면 건강은 급속도로 좋아지고 균형있는 생활을 할 수가 있다.

이상과 같이 다섯 가지 행법들은 경직된 근육과 관절을 풀어주고 근육의 감수성을 향상시키는 데 효과적이다.

그러나 이것이 본연의 의도는 아니다. 행법들의 진정한 효과는 회전하는 소용돌이의 속도를 정상화시키는 데 있다.

만약 당신이 보통 중년 남녀의 일곱 개 소용돌이를 볼 수 있다면, 곧바로 그 중 어떤 것이 확연히 속도가 저하됐다는 것을 알아차릴 것이다.

그것들은 모두가 각기 다른 속도로 돌고 있을 것이다. 그리고 어느것 하나 조화로운 상호 작용을 하지 않을 것이다. 더 빠른 것이 신경질, 근심, 피로를 유발하는 반면에 느린 것은 신체의 일부를 약화시킨다. 따라서 그것은 기력 저하와 노화를 부르는 소용돌이의 비정상적인 형태이다.

그러면 행법은 각각 몇 번씩 해야 하는가? 첫 주에는 각각의 행법을 하루에 3번 정도 하도록 한다. 그리고 나서는 매주 두 개씩 매일 반복적으로 횟수를 늘려나간다.

하루에 행법을 각각 21번 정도 할 수 있을 때까지 계속 늘려나간다.

둘째 주에는 각각의 행법을 5번 하고 셋째 주에는 각각 7번, 그리고 넷째 주에는 9번 하는 식으로, 10주 안에 하루에 21번 모두를 하게 된다.

만일 다른 것에 비해 첫 번째 행법, 곧 회전하는 데 어려움이 있다면 현기증을 느끼지 않을 정도의 회수만큼만 한다.

나중에는 21번 모두를 돌 수 있을 것이다.

어떤 이는 그 많은 횟수를 돌 수 있게 되기까지 1년이 넘게 걸린 경우도 있다. 그는 네 가지의 행법을 수행하는 데는 전혀 어려움이 없었다. 그래서 완전히 21번을 돌 수 있을 때까지 매우 점진적으로 회전수를 증가시켰다.

그리고 마침내 멋진 결과를 얻어내었다. 또한 어떤 이는 전혀 회전을 못하는 경우도 있다.

보통 이런 이들도 회전하는 것을 생략하고 나머지 다른 네 가지 행법을 넉 달에서 여섯 달 정도 수행한다면, 그때는 회전 역시 쉽게 시작할 수 있다.

수행 시간은 아침이나 밤이 좋다. 하지만 시간을 낼 수 없다면 아무 때나 편리한 시간에 하는 것도 괜찮다.

아침, 저녁으로 두 차례 행하는 것도 좋지만 초심자에게는 지나친 자극이 될 것이므로 한 번 정도로 족하다.

약 4개월 동안 행법을 실천한 뒤에는 모든 횟수를 아침에 반복하고 밤에는 각각의 행법을 세 번씩 수행할 수 도 있다.

21번을 무리 없이 수행할 수 있을 때까지 횟수를 점진적으로 증가시킨다. 그러나 특별한 자극이 없는 한 아침이나 밤에 21번 이상 할 필요는 없다.

한동안 그 행법들을 수행해 본 후에 요구하는 횟수만큼 할 수 없다면 아침과 저녁으로 나누어 할 수도 있다.

만일 행법들 중 전혀 불가능한 것이 있다면 일단 그것은 생략하고 다른 네 가지를 한다. 그리고 한 달이 지난 후에 어려웠던 것을 다시 시도해 본다.

결과가 다소 더딜지는 모르지만 꾸준히 지속한다.

단, 역효과가 날 수도 있으므로 무리하지 않는 것이 좋다. 감당할 수 있을 만큼만 행한다. 그리고 단계적으로 증강시킨다.

결코 좌절하지 말고 시간을 두고 노력하면 하루에 21번씩 다섯 가지 행법을 모두 수행할 수 없는 사람은 거의 없다.

어려움을 극복하려는 시도에 있어서 어떤 사람은 매우 창의력이 풍부해진다. 티벳에 사는 한 노인은 네 번째 행법을 전혀 수행할 수가 없었다. 그러나 그는 몸을 바닥에서 떼어 놓는 것만으론 만족할 수 없었다. 상반신이 가능하다면 수평 자세에 도달해야 한다고 생각했다. 그래서 약 25㎝ 높이의 상자 위에 푹신한 담요를 대고는 누웠다. 그리고 얼마 후 이 자세로부터 그는 보기 좋게 상반신을 수평 자세로까지 끌어올릴 수가 있었다.

그의 간단한 아이디어가 상당히 힘센 남자들만이 할 수 있는 높이까지 그이 몸을 들어 올릴 수 있도록 만들었던 것이다. 그리고 그것은 그 자체만으로도 상당히 유익하고 적극적인 정신적 효과가 있었다.

또한 그것은 다른 어떤 방법으로도 향상되기 어렵다고 생각하던 많은 사람들을 자극시켰다.

당신이 만약 창의적인 정신의 소유자라면, 당신에게 특별히 어려울지도 모르는 어떤 행법을 수행하는 데 그것은 큰 도움을 줄 수 있을 것이다.

만약 다섯 가지 행법들 중 하나를 빼고 한다면 어떨까?

이 방법들은 매우 강력해서 만일 다른 네 개가 규칙적으로 모든 횟수가 수행되고 있다면, 하나가 빠져도 여전히 훌륭한 결과를 경험할 수가 있다.

또한 한 가지만을 가지고도 강력한 효과를 볼 수가 있다. 티벳의 수도승들 중에는 회전 행법만 하는 이가 있는데, 그의 강하고 활력이 넘치는 생명력은 한 가지 방법만으로도 충분히 효과를 볼 수가 있다는 확실한 증거였다.

당신이 모든 수행 행법들을 할 수 없거나 21번을 다 채우지 못한다 할지라도 그것으로부터 좋은 결과를 얻으리라는 것은 확실하다.

이 행법을 다른 체조 프로그램과 같이 병행하여도 좋을까?

그것은 상관없으며 어떤 종류의 운동 계획을 이미 갖고 있다면 그것을 계속하고, 또한 없다면 이것을 시작하라.

다섯 가지 수행 행법은 소용돌이의 회전을 정상화시킴으로써 신체가 운동의 이점을 훨씬 쉽게 받아들이도록 한다.

다섯 가지 수행 행법과 같이 해야 할 다른 어떤 것이 있을까?

도움이 되는 두 가지 이상의 것이 있는데, 나는 이미 앞서 반복 동작 사이의 휴식시간 동안 하는 깊은 리듬의 호흡에 대해 언급하였다.

이 밖에도 행법 사이에 깊고 리드미컬하게 여러 차례 호흡하면서 손을 엉덩이에 대고 똑바로 서는 것도 유용할 것이다.

숨을 내쉴 때 편안한 안정감을 느끼면서 당신의 몸안에 있을지도 모르는 어떤 긴장이 사라지고 있다고 상상한다. 그리고 숨을 들이쉴때는 좋은 것으로 채워지고 있다고 상상한다.

수행을 마친 후에 미지근하거나 아주 차갑지 않은 물로 목욕하는 것도 좋다. 젖은 수건으로 빠르게 몸을 닦고 나서 마른 수건으로 닦는다.

주의해야 할 것은 한기가 느껴질 정도로 차가운 목욕을 해서는 결코 안 된다는 것이다. 만일 그렇게 한다면 수행하면서 얻은 모든 좋은 효과들이 감소될 수도 있다.

이처럼 간단한 수행법인 '젊음의 샘'이 정말로 그렇게 효과를 나타낼 수가 있는 것일까?

요구 사항이 고작 처음 시작할 때는 하루에 3번씩 다섯가지의 수행법을 실천하는 것이며 점차적으로 하루에 21번을 행할 수 있을 때까지 횟수를 늘려나가는 것이다.

그것은 일단 알기만 하면 누구나 할 수 있는, 놀랍게도 아주 간단한 비밀이다.

진정한 효과를 얻기 위해서는 매일 열심히 실천해야만 한다. 일주일에 하루 정도는 행하지 않아도 좋으나, 그 이상은 절대 안 된다. 만일 사업상의 여행 등으로 인해 방해를 받는다면 당신의 모든 발전이 지장을 받을 것이다.

다행히도 다섯 가지 수행법을 시작하는 대부분의 사람들은 특별히 그들이 효험을 보기 시작할 때, 매일의 수행이 쉬울뿐만 아니라 즐겁고 보람찬 일임을 발견한다. 결국 다섯가지 모두를 하는 데 걸리는 시간은 고작 20분 정도인 것이다.

육체적으로 건강한 사람은 10분 안에도 행할 수가 있다. 그정도의 여유 시간도 없다면 몇 분 일찍 일어나거나 늦게 자도록 노력한다.

다섯 가지의 수행법은 신체에 건강과 활력을 재충전시킨다는 확실한 목표를 위한 것이다. 정신력과 희망은 당신이 자신의 외형을 격변적으로 변화시킬지를 결정하는 데 도움을 준다.

어떤 사람은 40세라는 나이가 믿기지 않을 만큼 늙어보이고, 또 어떤 사람은 60세때에도 40대처럼 활력이 넘친다. 정신 자체가 그 차이를 만드는 것이다.

당신 스스로 자신의 나이에 걸맞지 않게 젊은이 같은 자신을 느낀다면 다른 사람들도 역시 그런 식으로 당신을 볼 수 있을 것이다.

또한, 노인을 노인이라는 자신의 이미지를 마음속에서 지우려고 노력한다. 그대신 젊었을 때의 이미지를 마음속에 고정시킨다. 그리고 그 이미지 뒤로 강한 소망의 에너지를 불어넣는다. 그 결과는 당신이 스스로 체득할 수 있을 것이다.

많은 사람들에게 이것은 상당히 어려운 과제이다. 왜냐하면 자신의 정신적 육체적인 모습을 바꾸는 것은 결코 쉬운일이 아니기 때문이다.

다소간의 빠르고 늦는 차이는 있지만 대다수가 시간이 흐름에 따라 병들어 간다는 것을 믿는다. 아무것도 그들의 생각을 바꿀 수는 없다. 그러나 막상 그들이 이 다섯 가지 수행법을 시작하게 된다면 이제까지의 고정 관념이 다 거짓됨을 느끼게 될 것이다.

다섯 가지 젊음의 비밀 행법은 그들 자신의 모습을 바꿀 수 있도록 돕는다. 조금씩 그들은 젊어지는 자신을 볼 수 있을 것이며 머지않아 남들도 젊어보인다고 말하게 될 것이다.

빠르고 급격하게 젊어 보이길 원하는 사람들을 위한 또 한가지의 비밀의 열쇠가 있다. 그것은 숨겨진 여섯 번째의 비밀행법인데, 2장에서 다루기로 하겠다.

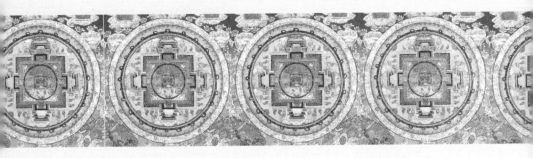

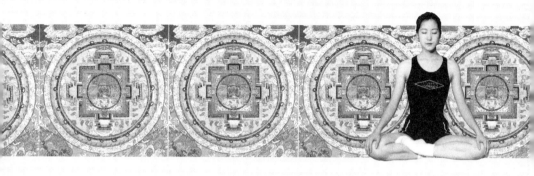

제2장

좀 더 깊은 이야기들
- 여섯 번째 수행법

아무도 육체에 집착하는 속박을 벗어날 수는 없다.

-루사우스 A. 세네카 -

　다섯 가지 수행 행법은 여러 측면에서 우리 몸을 향상시켜 준
다. 또한 마음도 행법을 행함으로써 안정된다. 그러한 결과는 규
칙적이고 반복적인 연습에 기초한 것이다.

　간단하면서도 별 것 아닌 것 같은 동작들이 시간이 지날수록
엄청난 효과를 가중시켜 우리의 삶에 큰 도움을 주는 것이다.

　나는 여러 계층의 사람들을 상대로 직접 이 티벳의 오래된 수
행 행법을 적용시켜 보았다. 그 효과는 시간이 지날수록 가속화
되기 시작하였다.

　그 중 가장 기억에 남는 것이 좌절된 삶의 에너지를 회복시켜
더 나은 삶으로 전진하게끔 해 주었다는 것이다. 너무나 간단하
면서도 그 효과가 탁월하므로 더 많은 사람들이 이 행법을 통해

기적의 젊음을 누렸으면 하는 바람을 갖고 있다.

이 행법은 남녀 노소 누구나 행할 수가 있다. 그러나 가능하다면 50세 이상의 사람들이 많이 해 주었으면 한다. 물론 젊은 사람들에게도 좋으나 그들은 아직 넘치는 활력과 힘을 가지고 있기 때문이다.

또한 15명 이상 모여서는 하지 않는다.

이유는 좀더 확실한 효과를 위해서이다. 이러한 간단한 모임의 형성은 우리의 꺼져 가는 삶의 촛대에 자그마한 빛을 주기에 충분하다. 그 빛은 자신과 주위를 위해서 삶의 힘과 아름다움을 내뿜을 수 있을 것이다.

나는 몇몇 그룹을 짜서 가르쳐 보았다. 그 결과에 대해서는 나중에 언급하기로 하고, 우선 그들이 꾸준하게 자신의 일을 하면서도 반복한 이 행법의 결과가 그들의 몸과 마음에서 일으키는 기적을 많이 보았다.

특히 그 효과는 노인들에게서 가장 잘 나타난다. 왜냐하면 그들 삶의 모든 신체적인 결과가 이 수행 행법 안에 함축되어 흐르기 때문이다.

이 행법을 마스터하는 데에는 보통 10주 정도 걸리는데, 처음에는 계속한다는 것이 쉽지 않으나, 지속할수록 자신의 육체와 내면에서 일어나는 생동감과 신선한 에너지의 충격이 자꾸 마음을 끌어당기기 시작하는 것이다.

이 간단한 행법의 효과에 대해서는, 옛부터 티벳에서는 물론 선진 외국에서도 많은 긍정적인 사례를 가지고 있으며 한국에도 여러 가지 우수한 임상적인 사례들이 있다.

외국의 사례 중에는 70대 노인의 나이가 거의 절반으로밖에 보이지 않는다는 사례도 여럿 있다. 그것은 얼마나 오래 했는가에 따라 달라질 수 있다. 그러나 10주 정도만 하면 훨씬 향상된 자신의 모습을 볼 수가 있다.

효과는 이 행법을 꾸준히 행함으로써 나타난다. 어떤 큰 기대감 없이 행함으로써 시간이 지날수록 효과의 가속화와 함께 몸과 마음이 갈수록 편안해지고 좋아진다.

이 행법은 운동학적 측면에서 근육과 뼈,．신경, 혈액, 임파, 에너지(氣)등 모든 면을 다루었기 때문에 종합적으로 좋아질 수가 있는 것이다.

이 다섯 가지 행법은 여러분으로 하여금 건강과 활력을 재충전하게 하여 주며 또한 젊음을 되찾도록 도와 줄 것이다.

하지만 여러분이 진정 건강과 젊음을 완전히 되찾고자 한다면 반드시 실천해야 할 **'여섯 번째의 행법'**이 있다.

그러나 이 행법은 앞서의 다섯 가지 수행 행법에서 좋은 결과를 얻지 못하였다면 소용없는 것이다. 다섯가지 수행 행법의 든든한 기초 위에서만이 여섯 번째 수행이 이루어질 수 있다.

그리고 여섯 번째 수행 행법의 효과를 얻기 위해서는 자기 억제를 할 줄 알아야 한다. 이것은 앞으로의 남은 생을 위해서도 충분한 검토 후에 실행되어야 할 것이다.

이 추가 행법은 신체 전반의 재생산적인 에너지를 증가시킬 것이다. 이러한 상승 작용은 정신을 새롭게 할 뿐만 아니라 전체적인 신체의 상태를 좋게 하여 준다. 그러나 이것은 대부분의 사람들이 받아들이려 하지 않는 구속을 수반할 것이다.

평균적으로 일곱 개 소용돌이의 영양분이 되는 필수 생명 에너지의 대부분은 생식 에너지로 공급된다. 그런데 다량의 에너지가 첫 번째 소용돌이에서 소모되어서 다른 여섯 개까지 도달한 기회가 전혀 없다.

수퍼맨이나 수퍼우먼이 되기 위해서는 이 강력한 생명의 힘을 보호하고 위쪽으로 보내 주어야만 한다. 그래서 모든 소용돌이들이, 특히 일곱 번째가 그것을 활용할 수 있어야만 한다. 다시 말해서 고차원적인 이동으로 재공급되어야 하는 것이다.

이제 필수 생명력을 위쪽으로 올리는 것은 매우 간단한 일이다. 그러나 수세기에 걸쳐 그것을 시도한 사람들은 대부분 실패의 쓴 잔을 맛보았다.

서양의 종교적 규율들이 바로 이것을 시도해 왔지만 실패를 하였다. 왜냐하면 그들은 생명력을 억압함으로써 혹은 개방함으로써 생식 에너지를 정복하려 했기 때문이다.

이 강한 충동을 정복하는 오직 한 가지의 방법이 있다. 그것은 소모시키거나 억압하는 것이 아니라 변형시키는 것이다. 그리고 동시에 그것을 위쪽으로 끌어올리는 것이다. 이런 식으로 여러분은 '불로장생의 삶'을 발견할 수 있을 뿐만 아니라 그것을 이용할 수가 있는 것이다.

  이 여섯 번째의 수행 행법은 가장 쉬운 것이다. 단, 그것은 여러분이 성적 에너지의 과도함을 느낄 때, 그리고 그것의 표현에 대한 자연스러운 욕망이 있을 때만 실천되어야 한다.

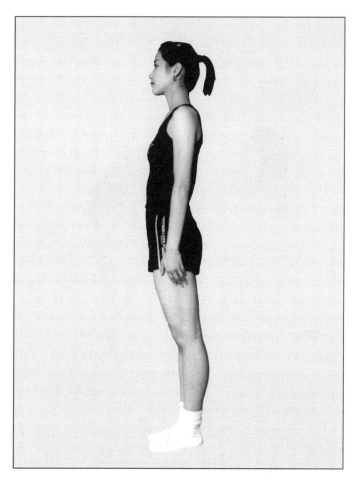

똑바로 정면을 보고 선다

〈여섯 번째 행법 1〉

숨을 내쉬며 허리를 굽히고 두 손은 무릎 위에 놓는다

〈여섯 번째 행법 2〉

숨을 들이쉬면서 다시 원래 자세로 돌아와 양손으로 골반 부위를 누른다

〈여섯 번째 행법 3〉

숨을 내쉬며 팔의 힘을 빼고 자연스럽게 팔을 내려준다

〈여섯 번째 행법 4〉

다행히도 이 수행 행법은 무척 간단해서 언제 어디서나 그 충동이 느껴질 때 행할 수가 있다.

우선 똑바로 선다. 그리고 천천히 허파 속의 모든 공기를 다 내뱉는다. 이때 허리를 굽히고 손은 무릎 위에 놓는다. 숨을 다 내뱉고 허파가 빈 상태에서 원래의 똑바로 선 자세로 돌아온다.

손은 골반 부위를 누른다. 자연스럽게 어깨가 올라갈 것이다. 이때 가능한 한 복부를 끌어당긴다. 그리고 동시에 가슴을 올린다. 이 자세를 가능한 한 오래 취하도록 한다.

숨을 참기 어려울 때는 입을 통해 내뱉고 코를 통해 들이마신다. 내뱉을 때는 팔의 힘을 빼고 자연스럽게 내려준다. 코나 입을 통해 몇 차례 깊은 호흡을 행한다.

이것이 여섯 번째 행법의 전부이다. 보통 사람들이 성적 에너지를 재조정하는 데에는 약 3회 정도의 반복이 필요하다.

건강한 사람과 수퍼맨 사이에는 오직 하나의 차이점이 있는데, 후자가 필수 생명력을 일곱 개의 소용돌이를 통해 균형과 조화를 이루면서 위쪽으로 순환시키는 데 반해, 전자는 필수 생명력을 성적(性的) 에너지에 공급한다는 것이다. 그것이 수퍼맨이 나날이 젊어지는 이유이다. 그들은 자신 안에서 영생을 창조하고 있는 것이다.

이제 당신은 젊음의 샘이 자신이 내부에 있다는 사실을 알았을 것이다. 다섯 가지 혹은 여섯 가지의 수행 행법들은 잠그지 않은 문의 열쇠일 뿐이다.

젊음의 샘을 찾기 위해서 많은 탐구를 하고 그렇게 멀리 여행했음에도 결국은 빈손이다. 그러나 그는 집을 떠나지 않고도 그의 목표를 달성할 수가 있었다. 젊음의 샘을 발견하기 위해 전세계 구석구석을 다 뒤졌지만 정작 그것이 자신 안에 있을 줄은 꿈에도 몰랐던 것이다.

여섯 번째 수행방법은 활발한 성적 충동이 있을 때, 절대적으로 필요하다는 것을 명심해야 한다. 단, 성적 충동을 잃은 사람이 이 행법을 수행하는 것은 절대적으로 불가능하다. 시도조차 해서는 안된다. 왜냐하면 그것은 오로지 용기의 감퇴를 초래할 뿐이기 때문이다. 그리고 이득보다는 해가 더 많다.

대신에 나이에 관계 없이 그런 사람은 먼저 정상적인 성적 충동을 다시 얻을 때까지 다섯 가지 수행 행법을 실천해야 한다. 그리고 그것을 달성했을 때 비로소 뛰어드는 것이 좋다.

만일 어떤 사람이 성적 표현에서 충족감을 느끼지 못하고 그 유혹을 극복하려고 사투를 벌인다면, 그 사람은 성적 에너지를 변형시키고 그것을 위쪽으로 흐르게 할 능력이 없는 것이다.

여섯 번째 행법은 오로지 성적으로 완전함을 느끼고 다른 목표를 향해 가려는 진실한 열망을 가진 사람들을 위한 것이다.

이 행법은 마찬가지로 점차 늘려 나가 21번으로 끝나는 것이 좋다.

한편 독신주의자들은 오로지 다섯 가지 행법만을 수행해야 한다. 이 행법은 우선적으로 변화를 줄 것이며 진정한 열망은 수퍼맨이나 수퍼우먼이 되게 이끌 것이다.

그때는 새로운 삶을 시작한다는 굳은 결심을 해야한다. 또한 흔들림이나 주저 없이 전진만을 할 준비가 되어 있어야 한다.

이것이 가능한 사람들은 필수 생명력을 그들이 바라는 어떤 것을 성취하기 위한 수단으로 이용할 수가 있다.

여섯 번째 수행 행법의 효과는 종합적이다.

등 근육과 심폐 기능이 좋아지며 음양 에너지의 균형을 맞춰준다. 또한 정신적인 깊은 안정감과 함께 내면적인 체험을 통하여 자신의 몸을 정신의 통제 하에 두도록 한다.

성적 에너지의 상승을 통하여 정신과 물질의 회전이 극대화되고 내면의 에너지가 육체의 모든 기능을 통제한다. 이것이 회춘(回春)의 최고 기법이며 고차원적인 삶이다.

그러나 충분한 건강과 안정된 심리 상태 속에서, 곧 완전히 순화된 에너지와 내면적인 행복과 기쁨이 팽창된 상태라는 기초 위에서만이 여섯 번째 행법은 꽃을 피운다. 그러므로 꾸준한 다섯 가지 행법의 반복적인 수행이 필요하다.

에너지 흐름의 상승은 모든 행법들의 공동 목표이며, 에너지 순환 자체는 결국 한계 없는 영역으로의 에너지의 발전을 도모하게 된다.

특히 동양에는 이러한 에너지의 흐름을 더 높은 수준으로 끌어
올리는 단계적인 방법이 있었다. 우선 육체적으로 정화시키고 정
신적으로 정화시켜 우리의 삶을 더 높은 수준으로 발전시키는 것
이 그것이다.

이 단계적이며 자연스러운 과정을 마치 이를 닦고 밥을 먹듯이
수행하다 보면 삶의 가능성은 더욱 커지게 된다. 바야흐로 삶이
전환되기 시작하는 것이다.

이렇게 항상 에너지와 희망에 찬 삶을 살아가다 보면 더욱 현
실적이고 커다란 이익을 얻게 되는데, 그것이 바로 에너지의 자
연스런 흐름과 더 맑고 명철한 정신의 획득이다.

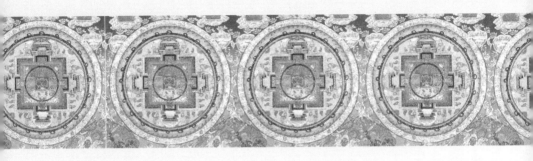

제3장

보조 운동 행법

어디에 진정한 행법이 있을까?
그것은 풍요로움과 희열과 자유로운 해탈에 있다.
－티벳의 경전에서－

　다섯 가지 티벳 비밀 행법 및 여섯 번째 행법 외에 요가에서 가장 장려되는 운동 행법이 있는데, 그것은 이 다섯 행법을 보조해 줄 수 있는 운동법이며, 여기에 소개하려고 한다.
　다섯 가지 행법만 꾸준히 행하여도 모든 운동법의 이익을 얻을 수 있다. 그러나 보조적인 행법을 함께 행하여 줌으로써 단시간에 큰 효과를 거둘 수 있다.
　그 보조 운동법이란 **태양 예배 자세**와 **달 예배 자세**이다. 이 두 가지 동작은 뼈와 근육과 신경을 잘 조절시켜 주며 많은 운동량으로 인해 몸 전체의 균형을 잡아 주게 된다.
　태양 예배의 12가지 동작과 달 예배의 14가지 동작을 꾸준히 규칙적으로 다섯 가지 행법과 같이 행하여 준다면 그 이익과 효과는 지속될 것이며, 더욱 건강한 몸과 마음을 가질 수 있을 것이다.

이러한 행법은 다섯 가지 행법을 한 후에 무리하지 않는 범위 내에서 행하여 준다.

회춘의 여섯 가지 행법을 보조하여 주며 척추의 근육과 뼈, 신경을 활성화시키고 에너지를 생성시켜 생활을 더욱 활기차게 만들어 줄 것이다.

요가 중에서도 특히 이 태양 예배와 달 예배는 백미라고 할 수가 있다.

현대 의학적으로도 척추 질병의 예방법으로서는 그만인 이 운동법을 더욱 진지하게 행함으로써 척추 디스크나 좌골 신경통, 요통, 변비통, 생리통 등 척추와 관련된 여러 질병들을 방지할 수가 있는 것이다.

(1) 태양 예배

태양 예배는 12가지 동작으로 각 동작은 척추 근육과 뼈마디 마디를 조여 주고 풀어주며 척추 신경과 근육의 유연성, 탄력성을 유지시켜 준다.

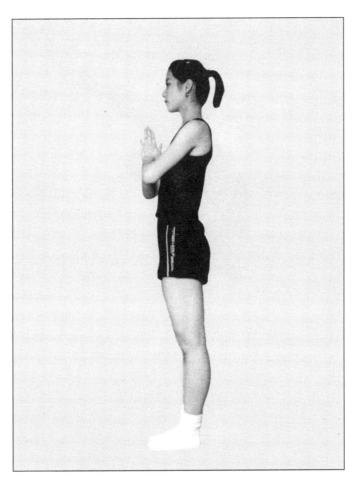

(1) 두 손을 모으고 숨을 내쉬면서 태양이나 정면을 바라 본다

(2) 숨을 들이쉬고 최대한 상체를 뒤로 젖힌다

(3) 숨을 내쉬면서 최대한 앞으로 숙인다

(4) 왼발을 앞으로 내딛고 두 손은 왼발 옆에 붙이고
숨을 들이쉬면서 고개를 든다

(5) 호흡을 멈추고 다리를 편 다음 잠시 정지 상태를 유지한다

(6) 숨을 내쉬면서 팔을 굽혀 가슴이 바닥에
닿지 않을 정도로 몸을 낮춘다

(7) 숨을 들이쉬면서 머리를 최대한 위로 든다

(8) 숨을 내쉬면서 거꾸로 된 역(逆) V자 자세를 취한다

(9) 숨을 들이쉬면서 오른발을 앞으로 내딛고 머리를 위로 쳐든다

(10) 숨을 들이쉬고 몸을 최대한 뒤로 젖힌다

(11) 숨을 내쉬면서 몸을 앞으로 숙여 머리를 무릎에 가까이 댄다

(12) 손을 모으고 숨을 내쉬면서 정면을 바라본다

(2) 달 예배

달 예배는 94가지 동작으로 태양 예배보다 더욱 다양하다.

원래는 반달 자세, 초승달 자세, 만월(滿月)자세가 있다. 이하의 14가지 동작은 만월 자세이다.

거의 태양 예배와 동일하지만 두 가지 자세가 더 추가된다.

(1) 숨을 내쉬고 편안하게 정면을 응시한다

(2) 숨을 들이쉬면서 최대한 몸을 뒤로 젖힌다

(3) 숨을 내쉬면서 머리를 가능한 한 무릎에 가까이 댄다

(4) 왼쪽다리를 앞으로 내딛고 머리는 위로 들면서 숨을 들이쉰다

(5) 다시 한 번 숨을 크게 들이쉬면서 팔을
뒤로 재끼고 무릎을 구부린다

(6) 호흡을 잠시 멈추고 손과 발을 쭉 편다

(7) 숨을 내쉬면서 가슴이 바닥에 닿지 않도록
약간 사이를 띄우며 몸을 낮춘다

(8) 숨을 들이쉬면서 머리를 최대한 뒤로 젖힌다

(9) 숨을 내쉬면서 역(逆) V자형을 취한다

(10) 숨을 들이쉬면서 오른쪽 발을 앞으로 내딛는다

(11) 숨을 다시 크게 들이쉬면서 팔을 뒤로 최대한 젖힌다

(12) 숨을 내쉬면서 상체를 최대한 앞으로 숙인다

(13) 숨을 들이쉬면서 상체를 최대한 뒤로 젖힌다

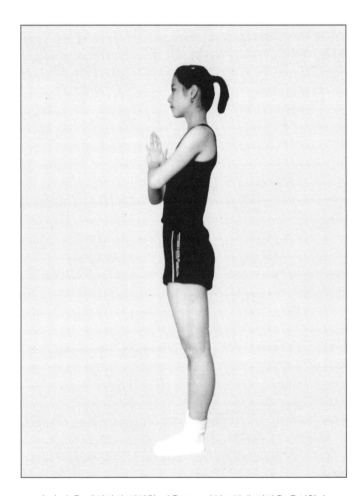

(14) 숨을 내쉬면서 편안한 마음으로 자연스럽게 정면을 응시한다

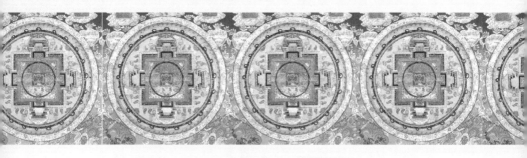

제4장

식이요법

생을 연장시키려거든 식사를 줄여라!
-벤자민 프랭클린-

음식의 역할이란 우리의 건강을 유지하는데 대단히 중요하다.

히말라야의 수도원에서 라마승들은 모든 것을 가장 원시적이고 자연적인 방법에 의존하여 생산한다.

땅조차도 손으로 갈아 엎는다. 마음만 먹으면 야크(야생 들소)나 쟁기를 사용할 수도 있겠지만, 그들은 직접 토양과 접촉하기를 원한다.

그들은 직접 흙을 만지고 가꾸는 것을 인간의 존재 가치의 확인으로 여긴다. 그것은 일종의 행위의 베풂이나 보시(布施)일 수가 있다. 또한 이를 통해 자연과의 일체감을 느낄 수 있는 것이다.

라마승들이 채식주의자라는 것은 이미 널리 알려진 사실이다.

그러나 엄밀히 말하자면 꼭 그렇지만도 않다.

그들은 두뇌와 신경계의 어떤 기능들을 돕는 양분이 있는 달걀과 버터, 치즈 등을 섭취한다. 그렇지만 살코기는 먹지 않는다.

여섯 번째 수행 방법을 행하는 건강한 라마승들에게는 살코기가 필요하지 않는 듯한다. 대부분의 티벳의 라마승들은 맛있는 식사와 진수성찬에 대해서는 거의 알지 못하는 사람들이다. 그러나 수도원으로 온 지 얼마 되지 않는 이들은 예외없이 신체적인 발전의 놀라운 징후를 보이기 시작한다. 그리고 이것은 적어도 부분적으로는 그들의 식생활 때문이다.

라마승들은 먹는 것에 까다롭지 않다. 그들의 식단은 건강에 좋은 음식으로만 이루어져 있다. 그 자체가 중요한 건강의 비밀이다.

음식들은 위 안에서 제각기 충돌한다. 가령 녹말 성분들은 단백질과 잘 섞이질 않는다. 그러므로 사람이 한번에 한 종류의 음식만을 먹는다면 위안에서는 음식의 충돌이 있을 수 없다.

예들 들어 탄수화물인 빵이 고기, 달걀, 치즈와 같은 단백질과 같이 섭취되면 화학적인 반응이 위 안에서 일어나기 시작한다. 그것은 가스를 만들 뿐만 아니라 장기적으로는 삶을 단축시키고 삶의 질을 저하시킨다.

수도원의 대식당에서 라마승들은 빵으로만 식사를 하는 경우가 많다. 어떤 때는 신선한 야채와 과일만을 먹기도 하고 또 어떤 때는 익은 야채와 과일만을 먹는다.

다양한 음식에 익숙해진 일반인들은 그것들을 그리워 할 것이다. 그러나 머지않아 검은 빵이나 한 종류의 과일로만 된 식사를 즐겨 먹게 된다. 한 가지 야채만으로도 식탁이 풍요롭게 진수성찬처럼 느껴질 수 있다.

여하튼 여기서 내가 말하고자 하는 것은 음식을 한 가지만 먹으라는 것이 아니며 고기를 먹지 말라는 것도 아니다. 다만 탄수화물 음식과 과일, 야채를 고기, 생선들과 분리 시키는 것이 좋다는 말이다.

고기로만 식사를 하는 것도 괜찮다. 그러나 파이나 케익, 푸딩 등 달콤하거나 딱딱한 음식으로 끝나서는 안 된다.

버터는 중성이다. 그것은 육류나 채소와 같이 먹을 수 있다. 우유는 채식과 더 잘 어울린다. 커피와 홍차도 소량의 당분이 해롭지 않다 하더라도 언제나 프림은 섞지 말고 블랙으로 마시는 것이 좋다.

수도원에서 라마승들은 힘든 노동을 하고 난 뒤에만 달걀 전체를 다 먹는다. 그러나 평상시에 그들은 흰 자위를 뺀 달걀 노른 자위만을 먹는다. 처음에는 흰자위를 닭들에게 던져 주는 것이 훌륭한 음식을 낭비하는 것처럼 보일 수도 있다. 그러나 달걀의 흰자위는 근육을 움직이지 않는다면 먹어서는 안되는 것이다.

달걀의 노른자위에 영양가가 있다는 것은 이미 알겠지만, 보통 달걀은 두뇌에서 요구하는 원소의 완전한 반을 함유하고 있다. 이러한 요소는 오직 소량이 필요할 뿐이다. 하지만 정신적, 육체적으로 건강해지려 한다면 그것들을 반드시 식사에 포함시켜야 한다.

또 한 가지 라마승의 가르침 중에 중요한 것은, 음식을 먹을 때는 천천히 씹어먹으라는 것이다. 그것은 식탁 예절을 위한 것이 아니라 음식물을 완전히 분해하기 위한 것이다.

구강 분해 작용은 음식물을 잘게 부수는 데 가장 중요한 단계로, 음식물이 우리 몸에 더 잘 흡수되게 한다. 사람이 먹는 모든 음식물은 위에서 소화되기 전에 입안에서 소화되어야 한다.

이 필수 단계를 거치지 않고 음식물을 삼켜 버리면 그것이 위에 도달했을 때에는 다이너마이트와 같게 된다.

육식은 복잡한 채식보다는 분해 작용을 덜 요구한다. 하지만 어쨌거나 그것들도 완전히 씹혀야 한다. 더 많이 음식물을 씹을수록 양분을 더 얻는 것이다. 이것은 여러분이 음식물을 철저하게 씹으면 식사량이 때때로 반 정도로 줄어들 수 있다는 것을 의미한다. 또한 음식을 먹기 한두 시간 전과 음식을 먹고 난 한두 시간 후까지는 소화액의 희석 작용을 막기 위해서 물을 먹지 않는 것이 중요하다.

일반적으로 당연시 했던 일들이 히말라야 수도원에서는 놀랍게 발견된다. 인도나 서구에서는 엄청난 양의 음식을 한끼 식사로 먹어치우는 것을 자주 볼 수가 있다. 그러나 한끼 식사에 여러 종류의 음식을 먹는 것은 티벳의 수도원에서는 있을 수 없는 일이다.

음식에 대해 이야기하자면 책을 몇 권을 써도 모자랄 것이다. 올바른 음식, 바른 음식의 조합, 적당한 식사량, 바른 식사 방법 등은 놀라운 결과를 가져온다.

당신이 체중 과다라면 음식물을 줄이도록 당신을 도울것이고 지나치게 말랐다면 체중을 늘리도록 도와줄 것이다.

식사와 음식에 관한 아래의 다섯 가지 지침은 매우 중요하다.

첫째, 당신이 건강하다 할지라도 채식과 육식을 동시에 하지
　　　말라. 그러나 지나치게 신경을 쓰지는 말라.

둘째, 커피가 마음에 걸리면 우유나 프림을 넣지 말고 블랙으
　　　로 마신다. 그래도 괜찮다면 아예 식단에서 뺀다.

셋째, 음식물이 액체가 될 때까지 씹고 식사량을 줄인다.

넷째, 매일 하루에 한 번 날 달걀 노른자위를 먹는다.
　　　단, 식전이나 식후에 먹는다. 식사 중에는 안된다.

다섯째, 한끼에 먹는 음식의 가지 수를 최소한으로 줄인다.

이 밖에도 식사와 관련한 24가지의 또 다른 법칙이 있어서 소개한다.

1. 언제나 식사 전에는 손과 얼굴을 깨끗이 씻는다.
   가능하다면 발도 같이 씻는다.

2. 결코 해가 뜨기 전이나 해가 진 후에 식사를 하지 않는다.
   만약에 일몰 후에 식사를 하게 되었다면 신 것이나 산이 있는 음식은 피한다.

3. 식사 바로 전에 명상을 하면 에너지가 증가되고 식사에 대한 감각이 증가된다.

4. 언제나 식사 때는 오른쪽 콧구멍이 움직인다. 그리고 물이나 음료를 마실 때는 왼쪽 콧구멍이 움직인다.

5. 편안하게 앉아서 먹거나 마시거나 한다.

6. 식사 중에 웃거나 말하지 않는다. 음식의 섬유 조직과 향기, 맛을 충분히 음미한다.

7. 식전에 음식과 같이 물을 마시면 체중이 유지되고 식후에
   마시게 되면 체중이 늘어난다.

8. 결코 너무 뜨겁거나 찬 것을 마시지 않는다. 물과 기타 액체
   는 미지근한 것이 좋다.

9. 뜨겁거나 찬 음식은 동시에 먹지 않는다.

10. 배고플 때 먹도록 하며, 소화가 된 후에 음식을 먹는다.
    식후, 여섯 시간 전에는 식사를 하지 않는다.

11. 간식은 피한다.

12. 결코 남쪽 방향을 보고 먹지 않는다. 이것은 에너지를 소
    모시키고 분노를 키운다.(동쪽이 가장 좋다)
    ※공동 생활을 할 때는 방향에 관계 없이 가능하면 자연스럽게
    식사를 한다.

13. 결코 입에 맞지 않는 음식을 억지로 먹으려고 하지 않는
    다. 이것은 모든 조직을 저항하게 만든다.

14. 따뜻하고 신선할 때 음식을 먹는다. 새로 데우거나 통조림으로 된 것은 가스를 유발시킨다.

15. 너무 빨리 먹거나 천천히 먹지 않는다.

16. 너무 기름지거나 딱딱하고 건조한 음식은 피한다.

17. 가능하면 식후에 웃는다. 이것은 소화를 돕는다.

18. 식후 2시간 전에는 잠을 자지 않는다. 이것은 소화기 계통의 활동을 방해한다.

19. 식후에 손과 얼굴과 입을 씻는다.

20. 육체적, 정신적인 모든 행위의 집중은 식후 2~3시간이 좋다.

21. 식후 소변을 본다.
    그러나 대변은 식후 3시간 후에 가능하다.

22. 결코 잠자리에 들기 전에 뜨거운 우유를 마시지 않는다.

23. 음식 먹기 30분 전후에 차를 마시지 않는다.

24. 하루에 한끼나 두끼 식사를 한다. 아침은 가볍게, 일출 전에 주된 식사 또는 정식을 먹는다.

이상의 24가지 방법은 옛날부터 내려오는 히말라야의 민간요법으로 다양한 계층으로부터 인정받고 있는 것이다.

요즘 우리의 식생활에는 많은 문제점들이 있다. 풍요로움 속에 수많은 성인병 발생 요인들이 잠재하고 있는 것이다.

그것은 지나친 미각의 추구와 정제 식품의 남용, 조미료나 향신료의 과용과 스태미나식에 대한 그릇된 인식 때문이며 특정 식품이나 성분이 전체 건강을 책임질 수는 없기 때문이다. 또한 심각한 환경 오염과 식품 오염 등에 의해서이며 속성 재배 농산물과 가공 식품, 그릇된 식이 요법의 실시와 약의 남용, 과당 음료의 영향 때문이기도 하다. 이런 모든 악영향을 극복하고 건강을 되찾기 위해서는 균형식을 해야 한다.

기초 식품군 간의 고른 비율을 고려하여 곡류, 채소 및 해조류, 육류, 과실류 등 우리 몸에 필요한 6가지 영양소를 고루 갖추어 먹도록 한다.

올바른 식이 요법에는 다음과 같은 것들이 있다.

주(週) 단식요법이나 생식 요법 또는 약이 요법(생약이나 한방치료 방법), 식미(食味) 요법 등이 그것이다.

이러한 식이 요법들은 영향의 불균형에서 오는 모든 질병들을 몰아내고 더욱 건강한 삶을 살 수 있도록 하여 준다. 또한 다섯 가지 행법과 호흡법, 식이 요법 및 이완법과 정신적인 명상법 등은 우리의 건강을 위해 없어서는 안될 소중한 방법들이다.

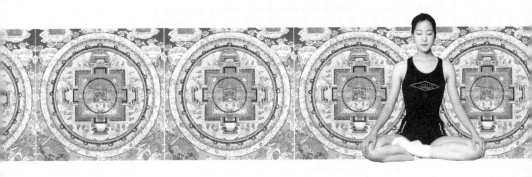

제5장

회춘(回春)의 길

힘 없는 신체는 정신을 나약하게 한다.

-장 자크 루소-

어떤 전문가들은 목소리만 들어도 그 사람이 얼마나 정력이 좋은지를 알 수 있다고 한다. 여러분은 분명 노년기에 접어든 남자의 쉰 듯한 목소리를 들어본 적이 있을 것이다. 불행히도 나이든 사람의 목소리가 그런 음색을 갖기 시작할 때는 육체적인 저하 현상이 진행되고 있다는 확실한 증거이다.

목의 기저에 있는 다섯 번째 소용돌이는 소리의 에너지 흐름을 관할한다. 그것은 또한 신체의 성적(性的) 중심에 있는 첫 번째 소용돌이와 직접 연결되어 있다.

물론 소용돌이들은 일반적인 연결을 갖고 있다. 그러나 이 두 개는 서로 톱니처럼 맞물려 있다. 따라서 두 소용돌이는 함께 영향을 받는다.

그 결과로 남자의 목소리가 높고 날카로울 때는 그의 성적 활동력이 낮다는 것을 의미한다.

만일 이 첫 번째 소용돌이의 에너지가 낮다면 다른 여섯 개도 마찬가지로 에너지가 부족하다는 것을 장담할 수가 있다. 따라서 첫 번째와 다섯 번째 소용돌이의 속도를 증가시키기 위해 필요한 모든 것들은 나머지 네 가지 수행법들에도 똑같이 적용된다.

남성들이 그 회전 속도의 상승을 도울 수 있는 한 가지 방법이 있는데 그것은 행하기가 무척 쉽다. 요구되는 것은 의지력이 전부이다.

우선 여러분 자신의 목소리를 들어보라.

더욱 높고 날카로워진 당신 자신의 소리가 들리면 목소리를 더 낮은 음색으로 낮추어야 한다.

낮고 안정된 목소리를 가진 사람들의 소리를 들어 보라.

그 소리에 주목하라. 그리고 여러분이 말할 때마다 목소리를 가능한 한 그런 남성다운 음 높이로 낮추도록 노력하라.

나이든 사람에게는 이것이 상당한 도전이 되겠지만, 그에 따르는 보상 또한 굉장한 것이다. 머지않아 낮아진 소리의 진동은 목의 기저에 있는 소용돌이의 속도를 증가시킬 것이기 때문이다.

비록 당신이 지금 힘차고 활력 있는 젊은이라 할지라도 언제까지나 그런 식으로 남아 있지는 않을 것이다. 그것은 아직 목소리

가 완전하게 성숙되지 않았고 다소 높기 때문이다. 노인들뿐만
아니라 이런 젊은이들도 의식적으로 목소리를 낮추려는 노력을
기울임으로써 놀라운 결과를 얻을 수 있다.

　젊은 사람들에게는 이것이 노인들의 활력을 새롭게 하듯이 항
상 좋은 상태를 유지하도록 도울 것이다.

　우연한 기회에 훌륭한 소리 체조를 알게 되었는데 다른 것들과
마찬가지로 아주 쉽다. 혼자 있을 때나 다른 사람에게 방해되지
않을 곳에서 낮은 음색으로 약간의 콧소리를 섞어서 이렇게 하면
된다.

　"밈(mim)～밈～밈" 가능한 한 단계적으로 목소리를 낮춰서
반복한다. 목소리가 이미 낮은 음역에 있을 때인 아침에 이것을
하면 아주 효과적이다. 그리고 나서 하루 종일 목소리를 낮게 가
지도록 노력한다.

　일단 시작하려고 마음 먹었으면 울려 퍼지는 당신의 소리를 들
을 수 있도록 목욕탕에서 연습한다. 그리고 나서 큰 방에서 같은
효과를 얻도록 해 본다.

　목소리의 울림이 강렬해질 때, 몸 속에 있는 나머지 소용돌이
들의 속도가 증가한다. 특히 생식기 중앙에 있는 첫 번째와 머리
속의 여섯, 일곱 번째가 그러하다.

　할머니들 또한 목소리가 높고 카랑카랑해질 수가 있다. 그러면

같은 방법으로 낮춰야만 한다.

물론 여성의 목소리는 원래 남성들보다는 높다. 따라서 여성들은 남성이 내는 소리처럼 낮추려고 해서는 안된다. 사실 비정상적으로 저음인 여성은 이미 설명한 방법을 이용해서 목소리를 높이려고 시도하는 것도 괜찮을 것이다.

티벳의 라마승들은 간혹 몇 시간 동안 다같이 낮은 음역으로 읊조릴 때가 있다. 이것의 의미는 읊조림이나 그 말의 뜻에 있는 것이 아니다.

그 의미는 목소리의 울림과 이것이 일곱 개의 소용돌이에 미치는 효과에 있는 것이다. 수천년 전 라마승들은 "옴~(Oh~mmm)"이라는 소리의 울림이 특히 강력하고 효과적이라는 사실을 발견하였던 것이다.

여러분도 매일 아침 적어도 여러 차례 이 소리를 읊조리는 것이 아주 효과적이라는 사실을 알게 될 것이다.

시간이 날 때마다 반복하는 것이 좋다. 똑바로 서서 숨을 힘껏 들이마시고 천천히 내뱉으면서 "옴~"이라고 해 보라.

"옴"을 "오~"와 "음~"으로 대략적으로 나누어서 행하여 보라. 흉부를 통해 진동하는 "오~(ohhh⋯⋯)"를 느끼고 비강을 통해 진동하는 "음~(Mmmm~~)"을 느낀다.

이 간단한 운동이 일곱 개의 소용돌이 모두를 정화시키고 활성화시키는 데 큰 도움을 준다.

여러분은 시작하는 바로 그 순간부터 효과를 느낄 수가 있다. 반드시 잊지 말아야 할 것은 읊조리는 행동이나 소리에 의미가 있는 것이 아니라 소리의 진동에 있다는 것이다. 그리고 덧붙여 또 하나의 소리 운동이 있는데, 이것은 몸 전체에 진동을 주어 에너지를 각성시키고 몸과 마음에 강한 힘을 불어넣어 준다.

이 소리 운동은 아침이나 저녁에 한 차례 또는 두 차례정도 다섯 번씩이나 그 이상 행하는데, 소리는 "웅~(Unnnnng~~)"이다. 소리를 내면서 본인이 약하다고 느끼는 신체 부위에 집중하면 효과가 더욱 좋다.

소리는 처음에 크게 내어도 좋으나 나중에는 본인 자신이 요구하는 음색으로 행한다. 그렇게 하면 몸의 일곱 소용돌이 전체가 자극을 받고 활력을 되찾게 된다.

노인이 정말로 젊어지고 싶다면 젊은 사람처럼 생각하고 행동하며 노인의 행동과 사고 방식을 말끔히 씻어내야만 한다.

주의해야 할 첫 번째 사항은 여러분의 자세이다. 똑바로 서서 움직인다! 이 수업을 시작했을 때 여러분은 너무 굽어서 마치 물음표처럼 보였을 것이다. 그러나 활력이 되돌아오기 시작하고 정신이 개선되자 여러분의 자세 또한 발전하였을 것이다. 아주 좋은 현상이다. 그러나 지금 멈추지는 말라. 등을 꼿꼿이 세우고 가슴을 펴고 턱을 당기고 머리를 높게 들어라. 곧바로 20년은 젊어 보이고 40년 젊은 행동을 할 것이다. 걸을 때도 가야 할 장소를 생각하고 곧 출발한다. 발을 질질 끌지 말고 큰 걸음으로 당당하게 걷는다. 당신이 가려는 장소와 스쳐 지나가는 모든 것들에게 시선을 둔다.

히말라야 수도원에 한 남자가 있었는데 그는 언제나 25세처럼 행동을 하였다. 하지만 그는 실제로 100세가 넘었다. 여러분이 이런 기적을 이루기 위해서는 우선 그렇게 되겠다는 열망을 가져야만 한다. 그리고 그것은 가능할 뿐만 아니라 확실하다는 믿음을 가져야만 한다.

젊어지겠다는 목표가 불가능한 꿈이라고 생각하는 한, 그것은 오로지 그렇게 꿈으로 남아 있을 뿐이다. 그러나 일단 젊어질 수 있다는 사실을 받아들이고 열망에 초점을 맞춰 그 현실성에 활력을 불어넣는다면 여러분은 이미 젊음의 샘을 수천 모금 마신 셈이다.

앞서 설명한 간단한 다섯 가지 수행 방법은 여러분 스스로가 개인적인 기적을 성취할 수 있게끔 이끌어 주는 훌륭한 도구이자 충고이다.

여러분들이 최선을 다해 이 수행 행법을 건전한 의식이나 의례처럼 꾸준히 수행해 나간다면 충분한 보상을 받을 수 있을 것이다. 매일매일 발전하는 여러분 자신을 보는 것은 매우 기쁜 일이며, 다섯 가지 수행 방법은 그들이 맡은 바 책임을 다할 것이기 때문이다.

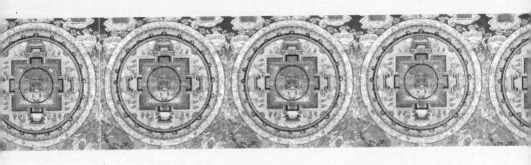

제6장

이완과 명상

끊임없는 자각과 수련을
마치 봄 향기가 몸에 스며들어 베이듯이
몸과 마음 전체에 스며들게 하라.
-어느 히말라야 수행자의 글에서-

우리는 육체와 호흡과 자아의 하나됨을 이완과 명상이라 부른다. 고대 히말라야에서 많은 선인들은 이 과정을 삶의 법칙으로서, 또한 철저한 생활 규범으로서 체계화시켰다.

이 과정을 거침으로써 우리는 자신과 주위에 좋은 영향을 주고, 모든 발전을 도모할 수가 있으며, 몸과 마음을 풍요롭게 젊게 만들 수가 있다.

다섯 가지 수행 행법과 함께 이완과 명상을 행함으로써 삶의 정확한 방향이 제시될 것이며, 그 과정은 즐거운 나날이 될 것이다.

　외부로부터 얻어지는 행복도 무시할 수는 없지만 그것의 전체 가치를 판단하고 느끼는 자신의 내면의 변화는 아주 중요한 것이다.

　몸과 마음을 완전히 각성시키고 깊은 휴식과 활동에 역동성을 주는 비밀 열쇠는 이완된 상태의 지속성에 있다. 그리고 이것이 가능해지기 위해서는 반복적인 훈련이 필요하다.

　옛부터 이러한 이완법은 명칭만 다를 뿐 여러 형태로 표현되고 전승되어 내려 왔다.

　일찍이 티벳에서 오랫동안 전해 내려온 이완법이 있는 데 이것은 인도나 중국, 한국에서도 비슷한 형태로 전승되고 있다.

(1) 이완법 Ⅰ

　우선 똑바로 등을 펴고 누워 당신의 몸이 깊은 이완으로 빠져 들게 한다. 호흡을 깊게 몇 차례 행한다.

　태양신경총을 통하여 호흡하고 있다고 상상한다. 공기가 코로 들어 옴에도 불구하고 당신은 곧 태양신경총으로 들어오는 것처럼 느낄 것이다.

　당신의 태양신경총으로 희미한 은빛 기체가 끌려 들어온다고 상상하라.

동양에서는 프라나라고 알려져 있는데, 대기권에 있는 치료 에너지이며 삶의 에너지이다. 이것은 아주 섬세한 에너지로 현대의 과학적인 기구들에 의해서도 파악되지 않는다.

숨을 들이쉬는 동안 태양신경총으로 은빛 기체가 끌려 들어오게 하라. 그런 후 몇 초 동안 숨을 멈춘다. 그리고 숨을 내쉬면서 당신의 왼쪽 발가락과 발톱으로 에너지가 내려간다고 상상한다. 왼쪽 다리에 그 빛을 가득차게 한다.

그리고 다시 세 번, 왼쪽 다리를 호흡과 함께 빛으로 가득채운다. 숨을 들이쉬면서 왼쪽 다리 전체를 가득 채운다. 오른쪽 다리도 마찬가지 방법으로 행한다.

숨을 들이쉬면서 태양신경총 아래의 하체 부위와 내장기관의 모든 부위를 은빛 기체로 가득 채운다. 태양신경총에서 목 부위까지를 포함하여 상체를 호흡과 함께 가득 채운다. 또한 모든 내장 기관도 포함시킨다. 숨을 들이쉬면서 왼쪽 팔에서 손톱까지 채운다. 오른쪽 팔도 똑같이 행한다. 머리 뒷부분을 가득 채운다. 동시에 머리 앞부분과 얼굴도 가득 채운다.

이리하여 당신의 온몸은 은빛 기체로 가득 차게 되며, 모든 세포는 치료되고 젊어진다.

특수한 부위가 치료를 원한다면 그 부위에 은빛 기체를 보내어 치료하면 된다. 이 기법의 가장 중요한 점은 그 부위가 이미 치료되었음을 눈으로 확인할 수 있다는 것이다.

　당신은 갓 태어난 아기처럼 밝은 빛과 순수하고 맑은 에너지로 가득 차 건강한 기의 흐름을 느낄 수 있다.

　이것을 매일 10분이나 또는 그 이상을 침대에서 일어났을 때나 잠이 들기 전에 행한다. 분명 깊은 이완과 엄청난 수면 효과를 발휘하여 당신을 젊게 만들어 줄 것이다.

　처음에는 잘 안될지도 모르나 반복해서 행하면 자연스럽게 몸의 흐름과 느낌을 파악하고 통제할 수 있게 된다. 생명 에너지가 몸 전체를 이완시키고 활성화시켜 준다.

2) 이완법 II

또 다른 이완법은, 먼저 몸의 긴장을 풀고 손바닥을 위로 하여 천장을 바라보며 편안하게 눕는다.(숙달이 되면 앉아서도 행할 수가 있게 된다)

당신의 모든 주의를 머리끝에서 발끝까지 신체 전체에 집중시킨다.

그리고 오직 이 순간만을 자각한다. 호흡이 어떻게 시작되고 진행되고 끝나는지를 주목한다.

이 이완법은 몸의 61가지 지점을 하나하나 이완시키고 풀어줌으로써 우리 몸을 더욱 안정시킨다는 이점이 있다.

천천히 61가지 지점을 느끼고 이완시켜 보자.

1. 호흡의 순환이 진행되는 동안에 먼저 당신의 이마를 이완시 킨다.

2. 목 부위를 이완시킨다.

3. 오른쪽 어깨를 이완시킨다.

4. 오른쪽 팔꿈치를 이완시킨다.

5. 오른쪽 손목을 이완시킨다.

6. 오른손 엄지손가락을 이완시킨다.

7. 오른손 둘째 손가락을 이완시킨다.

8. 오른손 셋째 손가락을 이완시킨다.

9. 오른손 넷째 손가락을 이완시킨다.

10. 오른손 새끼손가락을 이완시킨다.

11. 오른쪽 손목을 이완시킨다.

12. 오른쪽 팔꿈치를 이완시킨다.

13. 오른쪽 어깨를 이완시킨다.

14. 목 부위를 이완시킨다.

15. 왼쪽 어깨를 이완시킨다.

16. 왼쪽 팔꿈치를 이완시킨다.

17. 왼쪽 손목을 이완시킨다.

18. 왼손 엄지손가락을 이완시킨다.

19. 왼손 둘째 손가락을 이완시킨다

20. 왼손 셋째 손가락을 이완시킨다.

21. 왼손 넷째 손가락을 이완시킨다.

22. 왼손 새끼손가락을 이완시킨다.

23. 왼쪽 손목을 이완시킨다.

24. 왼쪽 팔꿈치를 이완시킨다.

25. 왼쪽 어깨를 이완시킨다.

26. 목 부위를 이완시킨다.

27. 가슴 중앙 부위를 이완시킨다.

28. 오른쪽 가슴 중앙 부위를 이완시킨다.

29. 가슴 중앙 부위를 이완시킨다.

30. 왼쪽 가슴 부위를 이완시킨다.

31. 가슴 중앙 부위를 이완시킨다.

32. 배꼽 부위를 이완시킨다.

33. 단전(丹田) 부위를 이완시킨다.

34. 오른쪽 넓적다리 상부 골반 부위를 이완시킨다.

35. 오른쪽 무릎을 이완시킨다.

36. 오른발 발목을 이완시킨다.

37. 오른발 엄지발가락을 이완시킨다.

38. 오른발 둘째 발가락을 이완시킨다.

39. 오른발 셋째 발가락을 이완시킨다.

40. 오른발 넷째 발가락을 이완시킨다.

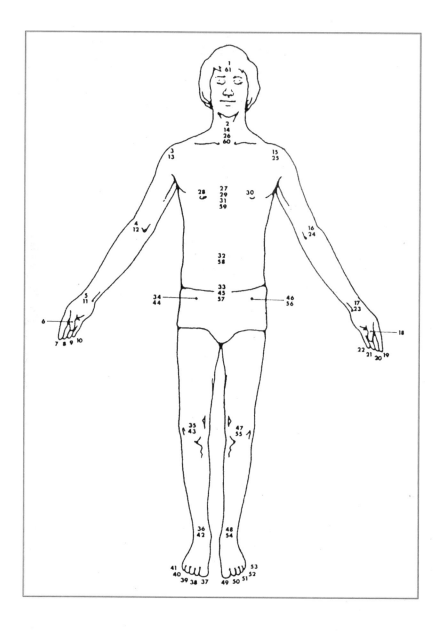

41. 오른발 새끼발가락을 이완시킨다.

42. 오른쪽 발목을 이완시킨다.

43. 오른쪽 무릎을 이완시킨다.

44. 오른쪽 넓적다리 상부를 이완시킨다.

45. 단전 부위를 이완시킨다.

46. 왼쪽 넓적다리 상부를 이완시킨다.

47. 왼쪽 무릎을 이완시킨다.

48. 왼쪽 발목을 이완시킨다.

49. 왼발 엄지발가락을 이완시킨다.

50. 왼발 둘째 발가락을 이완시킨다.

51. 왼발 셋째 발가락을 이완시킨다.

52. 왼발 넷째 발가락을 이완시킨다.

53. 왼발 새끼발가락을 이완시킨다.

54. 왼쪽 발목을 이완시킨다.

55. 왼쪽 무릎을 이완시킨다.

56. 왼쪽 넓적다리 상부를 이완시킨다.

57. 단전 부위를 이완시킨다.

58. 배꼽 부위를 이완시킨다.

59. 가슴 중앙 부위를 이완시킨다.

60. 목 부위를 이완시킨다.

61. 이마 부위를 이완시킨다.

이상 61가지 지점의 자각이 끝난 후에는 편안하게 얼마동안 쉰 다음 천천히 일어난다.

이 이완법은 히말라야의 요기들이 수행하던 행법을 현대화한 것으로, 몸의 모든 부위에 휴식을 주고 깊이 뿌리박힌 긴장과 피로감을 제거시켜 준다. 또한 정신적인 자각과 안정을 가져다 준다.

호흡과 명상은 옛부터 인도와 티벳에서 전해져 내려오는 전통적인 행법인데, 동양의 어느 나라나 기본 바탕은 크게 다르지 않다. 우선 고요하고 안정된 몸과 마음의 이완 상태를 가져다 줌으로써 응결되었던 스트레스와 긴장이 해소되고 내면의 밝은 상태로 유도된다. 명상과 호흡은 이 이완된 상태를 바탕으로 자연스럽게 행할 수가 있는 것이다.

명상은 건강 증진과 진정한 존재 가치의 파악을 위한 수행의 한 방법이다. 명상을 하기 전에 우선 그 자세가 중요한데, 편안하고 안정된 상태에서 허리와 척추는 똑바로 세워야만 한다.

자세에는 여러 가지 형태가 있지만, 가부좌를 취하건 결가부좌 자세를 취하건 간에 본인이 우선 편안함을 느끼는 것이 가장 중요하다. 어떤 자세를 취하든지 허리는 바로 세워야 하며 호흡은 고르게 진행되어야 한다.

자세와 호흡과 내면으로 향한 정신은 자연스럽게 연결되어 있는 명상의 고리이다. 명상이 깊어질수록 육체, 호흡, 정신의 세 가지가 모두 자연스럽게 최대한 상호 보완 작용을 한다.

처음에는 눈을 감고 앉아서 행하나, 숙달이 되면 어떤 상태에서나 행할 수가 있다.

명상은 존재의 확인이다. 다시 말해서 '나는 절대 존재이다', '나는 존재의 근원이다' 라는 확고한 존재 가치의 확인이며 이것은 호흡을 통해 이루어진다.

자연스럽게 숨을 들이쉬고 내쉰다. 마치 끊임없이 흐르는 강물처럼 우리가 의식을 하든 하지 않든 간에 호흡은 계속 진행된다.

이때 자연적인 호흡의 소리가 있는데, 들이쉴 때의 소리를 '소(So)'라고 생각하고 내쉴 때의 자연적인 호흡소리를 '함(Ham)'이라 생각한다.

들이쉴 때의 '소-'는 절대 존재의 자각이며, 내쉴 때의 '함-'은 나의 인식이다.

아주 자연스럽게 천천히 들이쉬고 내쉬면서 행한다. 어떤 때는 집중이 되기도 하고 어떤 때는 잊어 버리기도 하겠지만 계속 행한다.

하루 동안 우리가 들이쉬고 내쉬는 호흡의 횟수는 21,600회라고 한다. 이 호흡간에 계속해서 정신적인 자각과 함께 소리와 호흡을 병행해 나간다.

끊임없는 자연스러운 반복을 통해 점차적으로 육체와 호흡과 정신이 하나가 되어 내면의 참다운 나를 자각하기 시작한다. 모든 내면의 길들은 존재의 자각인 이 방법의 범주를 벗어나지 않는다. 내면의 진정한 자신과의 만남이 바로 명상이다.

여기에서 더 나아가면 절대 존재를 보고 듣는 단계가 있다.

이때 들리는 것은 외부의 소리가 아닌 내면의 소리이다. 그것은 내면의 파동이며 내면의 섬세한 구조를 느끼는 것이다.

이 내면의 소리는 우주적인 소리이며 고요의 소리라고도 한다. 다양한 외부적 파동과 내면의 파동을 넘어서 소리의 근원을 자각하기 시작하는 것이다.

또 보이는 것은 현상적인 시각이나 빛이 아닌 내면의 빛을 보는 것이다. 한계 없는 빛 이외에는 아무것도 존재하지 않는다. 그러나 보고 듣는 것은 구별되는 두 과정이 아닌 하나, 그 자체이다.

우리의 생리학적인 면과 심리학적인 면이 잘 조합되고 조화를 이룬 것이 바로 이 '보고 들음의 명상'이다. 모든 예술과 철학과 과학의 근원이 바로 이것이다.

명상이 깊어지면 깊어질수록 보고 듣는 것이 형상화된 개념이나 과정이 아닌 순수한 근원적 본질이 된다. 그렇게 되기까지는 끊임없는 호흡과 소리의 존재 자각의 훈련이 기초가 된다.

명상은 결과가 아닌 끊임없는 과정이다. 그 과정의 훈련이 바로 진정한 결과가 되는 것이다.

명상은 심신의 휴식과 이완, 정신적인 안정, 원만한 대인 관계, 균형잡힌 생활 등을 증진시켜 줄 다가올 시대의 큰 선물이다.

또한 명상은 복잡하고 다양해진 이 시대의 각종 스트레스 해소와 행복한 삶, 그리고 자아로의 회귀 등을 가능케 해주는 생활의 활력소이다.

명상이 효과적이기 위해서는 체계적인 수련이 필요한데, 자연스럽게 일상 생활 속의 한 부분이 되어야만 한다.

주로 아침 저녁의 어느 시간대를 비워 놓고 행하거나 하루 일과 중에 명상의 시간을 포함시키는 것이 좋다.

반복적이고 규칙적인 수행은 몸과 마음에 좋은 휴식과 안정을 주어 깊이 뿌리박힌 고통과 긴장을 제거시켜 주며 새로운 삶의 장을 열어준다.

명상의 궁극적인 목표는 자아 완성과 진정한 행복, 그리고 자신에 대한 깊은 이해와 확인에 있으므로 이는 분명 당신으로 하여금 안정되고 명철한 삶을 살게 해 줄 것이다.

제7장

젊음에 대한 이해

영원한 생명이란 늙음만큼 젊음의 근원이다.

-어느 히말라야 사원에 씌어진 경귀-

나는 이 장에서 히말라야 선인들의 몇몇 기록을 종합하여 여러분들이 그들의 삶과 생각들을 긴 시공(時空)의 회랑을 건너 바로 지금 이 자리에서 현실로서 자각하게 하려한다. 너무나 신비하고 비현실적이라 생각할지라도 그것은 끊임없이 제기되어 온 우리들의 염원이며 사실이었다.

그분들의 말씀은 우리에게 생명의 존엄성을 가르치며 삶에 희망을 주고 방향을 제시해 준다.

어느 것 한 가지 소홀히 할 수 없지만, 그 중에서도 특히 귀중한 얘기들을 몇 가지 추려 보았다.

◆ 생명을 있는 그대로 받아들인다면, 육체는 호흡하는 살아 있는 자연체가 되어서 그 생명을 최대한 표현하게 된다.

그러나 그것이 그렇게 되지 않는 것은 인간 자신들이 만든 한계 때문다. 자기 스스로 자신을 옭아매고 있는 것이다.

◆ 생명은 저 멀리 다른 곳에서 오는 것이 아니라 지금 이 순간 여기에 존재하고 있는 것이다. 그런데 사람들은 과거와 미래에 살려고 하며, 지금 여기 실재하고 있는 생명과 자신을 분리시키려 한다.

한계 없는 전체가 지금 바로 이 순간이며, 누구나 이 영원한 생명의 물을 자유롭게 마실 수가 있다.

영원히 살려고 하는 노력조차 필요가 없다. 왜냐하면, 현재를 살고 있는 한 이미 영원의 생명과 같이 있는 것이기 때문이다. 과거는 잊어 버려라.

내 자신을 미래로 끌고 가서 상상하는 시도를 그만 두어라.

'현재'만이 진정한 사건이며 일인 까닭이다.

당신은 이미 영원과 함께 있는 것이다.

◆ 시간에 얽매여서는 안된다. 실상 시간은 인간을 제약하는 것 외에 아무것도 아닌 것이다. 70세까지 살았다면 그동안 생명의 모든 상태들을 다 경험하였을 것이다. 그러나 그로써 끝이 아니다.

가령 5배가는 것은 5천 배도, 5만 배도 될 수 있는 것이다. 결코 한정될 수 없는 것이다.

인간은 70세가 되어야 올바르게 사물을 판단할 수 있게 된다. 이 경향은 40세 때부터 움트기 시작한 것이다.

◆ 인간을 각성시키는 것은 시간이 아니다.

인간은 자기 안에서 성숙하고, 그와 동시에 지금까지 외부로부터 영향을 받아 온 갖가지 사고 방식 중에 많은 것들이 이 정신의 완성에 의해 무(無)로 돌아간다. 그와 같은 사고방식들이 잘못된 것임을 깨닫고 그것을 극복해 나간다는 뜻이다.

부풀어 오르는 꽃봉오리가 지금까지 자신을 둘러싸고 있던 잎

새들을 뚫고서 나오듯이, 성장하고 확대되어 가는 의식은 허망한 관념의 잎새들을 제거하여 버리고 본래의 변모를 드러내게 되는 것이다.

늙은 사람이 아이와 같이 되는 것은 다시 유아기로 되돌아 가는 것이 아니라 천국으로 들어갈 수 있는 아이가 되는 것이다. 그는 상대적인 물질 세계의 많은 문제점들을 넘어서 삶의 완성을 향해 나아가는 것이다.

◆ 과학자들은 인간의 육체가 7년 이상 계속하여 늙어 갈수는 없다고 한다. 왜냐하면 생명은 시간이 아닌 흐름의 주기로서 움직이기 때문이다. 주기는 한계 지을 수가 없다.

주기는 본래 시작도 끝도 없다. 그것은 다만 자기 자신을 완성시키는 영원한 과정이며 새로움의 과정인 것이다.

생명은 7년으로 끝나는 것이 아니다.

생명은 끝이 없으며 영원하다. 존재하는 것으로서 생명을 가지

지 않은 것은 아무것도 없다. 지구라는 이 행성 자체도 살아 있으며 바위에도 생명은 있다.

육체의 전 세포가 7년마다 새롭게 되살아난다는 것을 생각해 보면 생명의 가능성은 무한하다.

인간 스스로 시간의 한계를 짓지 않는 한 저절로 노화되는 일은 없는 것이다.

생명은 시간의 연수로 계산할 수 있는 것이 아니다. 그러므로 그같은 생각은 버려야만 한다. 생명은 다만 생명에 의해서만 계산할 수 있는 것이다.

그리고 생명은 영원하며 또한 한계가 없이 무한한 것이다.

◆ 우주에는 프라나라는 생명 에너지가 여러 가지 상태로 모든 원자들을 둘러싸고 또는 꿰뚫고 있는데, 우리는 이 생명력을 호흡을 통해 체내로 흡수하고 있다.

하지만 호흡을 한다고 해도 그 행위 자체로 이 우주의 생명 에너지를 체내로 흡입할 수 있는 것은 아니다. 각별한 주의를 기울이지 않으면 효과가 없는 것이다.

이 생명 에너지는 공기보다도 훨씬 섬세하므로 단순한 육체적 생리과정의 영향을 받지 않는다. 육체의 호흡 작용만으로 전기장을 체내에 흡입할 수 없는 것과 같은 이치다.

물론 호흡할 때마다 어느 정도의 전기장이 체내에 들어오는 일은 있을 수 있다. 프라나라고 하는 이 우주 에너지도 마찬가지다. 그런데 우리가 무엇인가에 주의를 기울이면 그 대상에 대한 인상이 관념이 되고, 또한 말이 되어 외부로 나타나게 되는 경우가 있다. 이것은 일종의 마음의 호흡 작용이라고 할 수 있다.

우리에게는 자기라는 존재의 모든 부분을 완전하게 하고 싶은, 깊고 깊은 근원에 대한 그리움이라고 할 내면적인 집중이나 주의(注意)가 있다.

그래서 외면적인 주의가 내면적인 주의와 결합하게 되면 정신적인 영혼의 눈처럼 내면의 주의가 언제나 외부적인 우주 에너지의 모든 요소를 자신의 체내로 끌어들이는 것이다.

신비주의자들은 언제나 우주의 힘을 다루는 성공의 비밀이 집중이라는 것을 가르치고 있다. '내적 호흡'이라는 것을 실현하기 위해서는 정신적인 에테르체(體)에 대한 진지한 집중과 완전히 이

완된 몸과, 또한 일체를 흡수하겠다는 진지한 관심과 마음의 완
전한 개방이 필요한 것이다.

이것이 '정신적이며 영적인 호흡'이며, 참다운 나를 생명 에너
지의 한가운데로 확대시켜 나아가는 길이다.

◆ 생명 에너지는 모든 세포의 성장을 자극하고 팽창하게 하여
식물뿐만 아니라 동물의 육체까지도 구성케 하는 원동력이다.

또한 그것은 모든 종류의 생명체의 성장과 함께 흡수되어 생명
을 유지시키는 원소인 것이다.

그러나 생명 에너지는 역으로 생명을 흡수하는 활동에도 참여
를 한다.

그것은 다른 모든 힘들과 마찬가지로 긍정적, 부정적 움직임을
보이며 작용과 반작용을 하는 까닭이다. 마치 공기의 흐름이 그
자체 내에서 작용과 반작용을 하는 것과 같은 이치다.

◆ 편재하는 우주 생명의 힘인 프라나를 의식적으로 이용하는 방법을 인도에서는 프라나야마(Pranayama)라고 하는데 '프라나의 호흡법'이라고 해석할 수 있다. 곧, 우주 생명 에너지를 의식적으로 호흡하는 수행법이다.

첫째로 이 행법에서는 특히 집중이 기본이 된다. 집중이란 존재하는 에너지의 최고의 근원이며, 일체를 포함하고 있는 신의 존재에 대한 진정한 집중이다. 단, 이때 마음의 긴장이 있어서는 안 된다. 프라나는 고요하고 확신에 가득 찬 마음에 의해 우리 몸에 스며든다.

보편적인 우주의 요소를 자기 안에 받아들일 수 있는 가장 완전한 정신과 육체의 상태에 들어가야 하는 것이다.

이때 프라나도 그 사람의 생명, 곧 인체를 유지하고 활성화시키는 요소가 된다. 이 통제 방법이 육체를 더욱 더 젊고 발랄하게 만드는 것이다.

◆ 활력, 곧 살아가는 에너지는 음식물이나 호흡의 결과가 아니라 우주 생명 에너지의 활동 때문인데, 이것이 생리를 북돋아 주고 또한 신진대사를 활발하게 하는 것이다.

◆ 죽음과 노화는 실패나 빈곤함처럼 인간의 근원적 활동의 결핍에 불과하다.

◆ 빛은 생명이다. 단, 생명 에너지와 에테르에도 등급이 있듯이 빛에도 최고급이 있다. 신(神)의 편재를 매일 실험하고 있는 사람만이 이 빛의 존재를 정확히 알 수 있다. 하지만 깊은 명상을 통하여 일반적인 수행자도 약간은 볼 수 있다.

이상의 글들은 베어드 T.스폴딩이 저술한 『극동의 스승들의 삶과 가르침』에서 일부를 발췌한 것이다.

이 밖에도 185세까지 건강하게 정신적인 수행을 하였던 타파스비지 마하라즈(Tapasviji Maharaj)의 '카야 칼파(Kaya-Kalpa) 회춘요법' 등이 있으나 고도의 전문적인 수행법들이므로 일반인에게는 적합하지 않다.

또한 137세까지 심신이 아주 건강하였던 시바푸리 바바(Shivapuri Baba)의 가르침도 육체적, 도덕적, 정신적인 세 가지 의무에 충실하라는 이야기이다.

히말라야의 선인(仙人) 바바지(Babaji)의 그것은 마음과 호흡과 음식, 신성함에 대한 존경, 육체적인 훈련, 수면, 정화, 활동, 명상에 대한 가르침으로, 많은 사람들에게 영원한 생명에 대한 회귀를 인도하였다.

중국의 도가(道家)나 우리나라의 선도(仙道)도 티벳, 인도의 행법과 크게 다르지 않다. 그러나 이 양생법이 단순히 오래 산다거나 하는 신비주의로 흐른다면 본래의 근본적인 참 나의 확인에 이를 수 없다. 다만 그로 인해 얻은 건강이 참 나에게 이르는 훌륭한 안내자 역할을 해 줄 뿐이라는 사실을 명심하라.

진리의 길로 가기 위해서는 올바른 방향 설정이 이루어져야 한다. 단순히 육체적인 건강으로만 흘러서도 안되며, 건강이 받쳐주지 않는 허망한 신비주의로 빠져서도 안된다.

여하튼 이상의 다섯 가지 수행 행법과 호흡법, 명상 등을 꾸준히 행하면서 참 나를 확인하는 길을 걷는다면, 여러분도 히말라야의 어느 수행자 못지 않은 오랜 행복을 누릴 수 있을 것이다.

국내외 체험 사례 모음

외국의 사례

다음은 티벳의 '다섯 가지 수행법'을 통하여 효과를 본 국내외 사례들을 모은 것이다.

젊어 보인다

◆ 첫날부터 느낌이 달랐습니다. 지금은 4주째로 접어들고 있습니다만, 날마다 회춘하여 활력이 넘침을 느낍니다.

– 도로레스 H. 첼런(워싱턴 주)

◆ 5주일간 했을 뿐인데 깊던 주름도, 피부의 붉은 반점도 말끔히 사라졌습니다. 무엇보다도 재미있는 것은, 나는 40세이며

대개 내 나이를 그대로 보았는데 요즘은 35세라든가 29세, 때로는 26세냐고 묻기도 한다는 것입니다.

확실히 '다섯 가지 수행법'은 효과가 있었습니다.

여러분도 시험해 보십시오.

단기간에 아름다움을 소생시킬 수 있습니다. 나는 젊음의 선물을 진심으로 감사하고 있습니다.

– 바바라 크로케트(네바다 주)

◆ '다섯 가지 수행법'을 1년 이상 지속하여 나는 완전히 젊어졌습니다. 15년은 젊어 보인다는 사람도 있습니다.

약했던 발목도 강해졌고 자세도 좋아졌습니다. 몸은 훨씬 유연해지고 민첩해졌습니다.

– 라 메 렘쿠일(위스콘신 주)

◆ 우선 스스로 젊어졌다고 느낀다. 그뿐만 아니라 내 나이(73세)를 아는 사람으로부터는 20년은 젊어 보인다는 말을 듣는다.

주치의(58세)는 일주일에 15~20마일을 달리고 있지만 내 쪽이 더 젊어 보인다고 투덜거린다. 노화를 방지하고 싶은 모든 이들에게 이 행법을 권한다.

- 잭 스미스(캘리포니아 주)

◆ 3개월간 '다섯 가지 수행법'을 행한 후 친구의 말에 깜짝 놀랐다. 왜 내가 이전보다 그렇게 젊어 보이는 것일까? 이유를 알고 싶다는 것이었다. 15세나 젊어 보인다는 사람도 있었다. '젊음의 샘'이 실재한다는 사실에 흥분하고 있다.

- 버나드 데이비스(뉴욕 주)

젊어짐을 느낀다.

◆ 최근 내 친구가 다시 젊어져 흰 머리가 말끔한 갈색으로 변하기 시작하였습니다. 이상하게 여겨 물어보자 '젊음의 샘'인 '다섯 가지 수행법' 이야기를 하였습니다.

그대로 실시한 결과, 나 역시 불면증이 치유되고 습진도 완전히 사라졌습니다. 폐경기의 육체적, 심리적 문제 (참고로 내 나이는 53세 입니다)로부터도 해방되었습니다.

원근 겸용 안경을 25년간 끼어 왔습니다만, 이제 어떤 안경도 필요 없습니다. 25년 전처럼 눈동자에 아름다운 푸른색이 돌기 시작했습니다.

나는 다시 16세가 된 느낌입니다. 하지만 아름다운 백발에 이별을 고해야 한다는 것은 쓸쓸한 일이었습니다. 나이를 먹는 일 중에서 유일하게 한 가지 마음에 드는 것이었으니까요.

- 아이다 슐츠(유타 주)

◈ '다섯 가지 수행법'을 행한 지 3개월 후, 많은 사람들이 젊어졌다고 말했습니다. 거울을 보니 확실히 그랬습니다. 모두가 비결을 물었으므로 다섯 가지 수행 의식을 가르쳐 주었습니다.

– 찰스 테퍼(뉴욕 주)

머리카락이 다시 났다

◈ 얼마 전까지는 머리숱이 적은 데다가 빠지기만 했다. 그러던 것이 지금은 머리카락이 다시 나기 시작했으며 숱도 많아지고 있다.

– 헨리 반 올스트(뉴저지 주)

◈ 주치의의 가족을 5년 만에 만났는데 이렇게 말했다.

"어떻게 된 거죠? 당신은 75세인데 35세나 40세 정도밖에 안 보이니…, 머리칼도 백발이 아닌 은색이라 잘 어울리구요. 비밀을 가르쳐 주세요."

나는 그들에게 이 젊음의 샘인 '다섯 가지 수행법'의 책을 빌려 주었고, 또한 그 책이 내게 돌아오지 않은 것은 말 할 나위도 없다.

– H. B. 맥콜리(뉴멕시코 주)

◈ 의식을 시작했을 즈음, 나는 수염도 새하얗고 피부는 푸르스름한 것이 마치 돌아가신 할아버지의 유령 같았습니다. 지금은 피부색도 좋아지고 수염도 거의 까매졌습니다. 이제 작은 글자도 읽을 수 있습니다. 의식 이전에는 결코 불가능했던 일입니다.

– 찰스 해밀턴(캘리포니아 주)

놀랄 만한 에너지

◆ 나는 15년간 여러 종류의 자기 개발 운동을 해 왔다. 하지만 '다섯 가지 수행법' 만큼 효과적인 것은 없었다.

3주일이 끝날 즈음, 에너지와 활력이 믿기지 않을 정도로 증가하는 것을 느끼기 시작하였다.

극적이고 경이로운 일이었다.

－ 조 알렉산더(아리조나 주)

◆ 아직 수 주일밖에 실행하지 않았지만 활력이 놀랄 만큼 증가했습니다. 있을 수 없는 일이라고 생각하겠지만, 지각(知覺)도 예민해졌습니다. 나는 지금 확실히 느끼고 있습니다!

－ 마리아 C. 야키마(워싱턴 주)

◆ 나는 몇몇 환자에게 이 '다섯 가지 수행법'을 추천하였습니다. 그러자 모두 몸 상태가 좋아졌다고 열심히 보고해 주는 것이었습니다. 그래서 나도 3주일 전부터 의식을 시작했습니다. 시작한지 4일 만에 체력과 인내력이 크게 호전됨을 느꼈습니다. 무거운 짐을 들고 계단을 올라도 전혀 고통스럽지 않았습니다.

최근에 만난 어느 영양사는 다섯 가지 행법을 4개월간 계속하자 완전히 건강해졌다고 합니다. 그는 오랫동안 운동을 해 온 남자로, 역도도 했다고 하는데 '다섯 가지 수행법'이 훨씬 효과가 있더랍니다. 완전히 회춘했다며 좋아했습니다. 나는 이 '다섯 가지 수행법'을 크게 신뢰하고 있으며 앞으로도 계속할 생각입니다.

- 스탠리 S. 바스 박사(뉴욕 주)

기억력이 좋아졌다

◆ 기억력이 나빠져 곤란을 겪고 있었습니다. 그런데 이 '다섯 가지 수행법'을 매일 2개월간 지속하자 생각이 명료해지고 에너지가 충만해졌습니다. 친구들도 나의 변화에 주목하고 있습니다. 62세에 노화하는 것이 아니라 젊어지고 있으므로 진심으로 감사드립니다.

– 애들린 네뷰(워싱턴 주)

◆ 나는 83세가 되자 인생의 모든 일에 흥미를 잃어 버렸습니다. 집안에 틀어박혀 남은 여생도 길지 않다고 생각하고 있었습니다. 그 때, 우연히 이 '다섯 가지 행법'을 접하게 되었습니다. 아직 얼마 되지 않았지만 기억력은 50% 정도 회복되었고 원기

가 생겼습니다. 만나는 사람마다 젊어졌다고 합니다.

다섯 가지 행법 덕분에 나는 완전히 다른 사람이 되었고 지금도 계속 좋아지고 있습니다. 모든 사람이 이 행법을 알아야 합니다.

- E. B. K. 밀러(노스캐롤라이나 주)

◆ 수 개월 전까지는 살아 있는 시체와 같은 나였습니다. 한쪽 신발의 끈을 묶으면 벌써 피곤해져서 쉬고 싶어지는 것입니다.

그러던 것이 지금은 5㎏ 정도의 물건이라면 거뜬히 운반할 수 있습니다. 내겐 이 행법이 지금까지 알고 있는 것중에 제일 귀중한 것이라 생각됩니다.

- L. H. 쳄벌즈(몬타나 주)

◆ 행복하고 모든 일이 즐겁다. 우주와 일체가 되어 에너지가 충만하고 스태미나가 넘친다. 이런 멋진 기분이 된 것은 난생 처음이다. 정말 경이롭다.

나는 74세로 증손자도 있다.

추신 : 휴식을 취하고 깊이 잠들므로 수면시간이 단축된다.

- 지트 퍼스터(노르웨이)

충만한 에너지가 지속된다

◆ 나는 일을 마치고 돌아오면 몹시 피로를 느끼곤 했습니다. 충분히 수면을 취한 주말에도 피로는 사라지지 않았습니다.

그런데 의식을 시작하자 경쾌해지고 에너지가 충만해졌습니다. 올 여름 소프트볼 게임에서는 팀의 누구보다도 원기왕성했습

니다. 믿을 수 없는 변화입니다

- 린다 펠더(매릴랜드 주)

◈ 나는 늘 오전 수업에는 몸을 질질 끌다시피 하여 출석하곤 했습니다. 하지만 이 행법을 하고부터는 다시 태어난 것처럼 민첩해졌습니다.

상당히 오랫동안 하드 트레이닝을 해 오고 있지만 평범한 결과밖에 얻지 못했습니다. 그런데 '다섯 가지 수행법'을 시작하고부터는 극적으로 기록을 갱신되어 더 무거운 바벨을 들어올릴 수 있게 되었습니다.

난해한 설명을 납득할 수는 없었지만 '다섯 가지 수행법'이 효과가 있는 것만은 확실합니다.

- 마크 퍼킨스(미시간 주)

◈ 행법을 실천하자 곧 에너지가 분출하여 행복감에 젖어듦을 느꼈다. 매일매일이 즐겁고 일을 함에 있어서도 끈기가 생긴다. '다섯 가지 수행법'을 하기만 하여도 이런 변화가 나타나는 것은 사실이다.

– 만족하고 있는 사람으로부터(48세)

지방이 사라지고 근육이 생겼다

◈ 물렁물렁하던 몸이 단단해지고 유연해졌다. '다섯 가지 수행법'을 시작한 지 겨우 11주째인데 몸을 마음먹은 대로 움직일 수 있게 되어 스스로 자신을 회복시킨 것 같아 놀랍다.

20대처럼 경쾌하고 민첩하게 반응한다. 게다가 넘쳐날 정도의 에너지를 느끼며 매일매일이 유쾌하기 그지없다. 친구들이 말하

기를 '다섯 가지 수행 행법'은 인간과 우주의 행복의 원천을 합
체시켜 우주의 부정적 요소를 모두 제거한다는 것이다.

– 아샤 허메스키(미시간 주)

◈ '다섯 가지 수행 행법'을 행하자 근육이 붙고 지방이 사라
졌다. 나는 지금 무척 기분이 좋다. 더 좋아질 것이라고 기대하
고 있다. 모든 사람들에게 이 행법을 추천한다.

– 찰스 노어(캘리포니아 주)

◈ 10일 전에 여동생의 옷을 입어 보았더니 허리가 너무 꼭 끼
어 비참했었습니다. 그런데 어제 다시 한 번 시도해 보니 딱 맞
았습니다. 그렇게 단 시간 내에 체형이 변하다니…, 믿어지지가
않았습니다만 사실입니다.

게다가 스태미나까지 생겼습니다. 더욱 활기차게 일하고 피로도 곧 회복됩니다.

- 루스 O.(텍사스 주)

◆ 척추, 요골, 무릎뼈가 자연스럽게 제자리로 돌아갔습니다. 몇 년간이나 카이로프락틱에 의존해 온 내가 얼마나 기뻐했겠는가는 상상에 맡기겠습니다.

- 보니타 Z.(아리조나 주)

관절염이 사라졌다

◆ 우리 가족은 모두 관절염을 앓고 있는데 '다섯 가지 수행

법'을 6개월간 쉬지 않고 하였더니 양쪽 무릎의 관절염이 깨끗이 사라졌습니다. 이 행법을 만난 것이 제겐 행운이었습니다.

– 프레드 슈미트(플로리다 주)

◆ '다섯 가지 수행법'을 시작한 지 10일 후에 나는 손가락의 관절염이 사라진 것을 깨달았습니다. 게다가 새하얗던 앞 머리도 검어지기 시작했습니다. 또한 원기도 왕성해졌습니다.

– 헬레나 서덜랜드(캘리포니아 주)

◆ 2년 전 다리의 종기로 고민하고 있었다. 의사와 접골 치료사, 그리고 2명의 다리 전문가들에게 맡겼지만 전혀 차도가 없었다. 그런데 '다섯 가지 수행법'을 행하고 1주일 후에 종기가 가라앉았다. 그리고 그로부터 2개월간 식사량은 전혀 변화가 없었

는데 체중이 5파운드나 감소되었다.

- 돈 스타크먼(오리건 주)

축농증이 치유된다

◆ 축농증에 의한 두통을 고칠 목적으로 이 수행 행법을 시작하였는데 그후 두통이 사라졌습니다. 많은 사람들이 축농증에 의한 두통으로 고민하고 있는 버지니아 주에서 일어난 기적입니다.

- 헬가 볼다(버지니아 주)

◆ 아침에 코가 막혀 눈을 뜨는 일이 없어졌다. 서서히 코로 숨쉬기가 좋아지고 있다.

옛날에는 기분이 나빠도 어쩔 수가 없었는데…….
이젠 머리도 안아프고 정신적인 스트레스에서 해방되었다.

– 존 매킨토시(뉴욕 주)

◈ 말 할 나위도 없이 행복에 취해 있습니다. 살아 있다는 실감
이 납니다! 45세 되는 내 딸도 '다섯 가지 수행법'으로 코막힘의
증상이 많이 호전되었습니다.

– 루스 라론(미네소타 주)

◈ 수년 전부터 축농증 때문에 냄새를 맡을 수가 없었습니다.
그런데 '다섯 가지 수행법'을 시작하자 후각이 되살아났습니다.
말로는 표현할 수 없을 정도로 감사하고 있습니다.

– 캐롤 M. (아리조나 주)

고통이 사라졌다

◆ 결과가 정말 놀랍다. 근육통을 느끼지 않고 골프와 테니스를 즐길 수 있다. 정원일을 하여도 몸이 아프지 않다. 사실은 69세이지만 45세나 50세 정도로 느껴진다.

– 윌리엄 본드(콜로라도 주)

◆ 37년 전, 등의 통증으로 괴로워했지만 '다섯 가지 수행법'을 시작한 날부터 그것이 완전히 사라졌습니다.

– 캐시 로건(캘리포니아 주)

◆ 자동차 사고 이후 38년간 왼쪽 무릎이 통증에 시달려 왔다. 그런데 1년 전 '다섯 가지 수행법'을 시작하고 나서부터 왼쪽 무

릎은 오른쪽 무릎과 구별할 수 없을 만큼 좋아졌다.

지금은 아무 불안도, 통증도 없이 구부렸다 폈다 할 수 있다. 팔과 어깨의 격심한 통증도 사라져 쾌적하다.

- 찰스 페이비즈(펜실베니아 주)

◆ 반 년 이상 나는 다리의 통증으로 고생하였다. 일하러 나가기 전에, 그리고 집에 돌아오기 전에 진통제를 반드시 먹곤 하였다.

그런데 이 '다섯 가지 수행법'을 시작한 지 2주일이 되자 고통이 거짓말처럼 사라졌다. 지금 30일이 경과했지만, 약도 먹지 않고 밤낮 없이 일하고 있다. 수행의 효과는 절대적이었다.

'행복한 사람들'의 명단에 내 이름을 넣어도 좋다.

- 윌리암 T.스펜서(미네소타 주)

◈ 허리의 통증이 훨씬 좋아졌다. 이제 거의 고통을 느끼지 않는다.

− 토마스 H.헨츠(워싱턴 주)

◈ 나도 등뼈에 중상을 입어 걷는 것이 불가능했었습니다. 5년간 격통에 시달려 왔던 것입니다. 이 행법을 알기 전까지 자살을 몇 차례 생각했었습니다.

지금은 '다섯 가지 수행법' 덕분에 고통도 사라지고 보행도 가능해졌습니다. 취학전 아이들을 지도하는 직업도 구했습니다.

− 리나 턴보우(네바다 주)

◈ 나는 '젊음의 샘'의 행법 덕분에 갑상선의 기능이 무척 좋아졌습니다.

25년간 매일 약을 0.3밀리그램씩 먹었지만 지금은 0.1밀리그 램으로 충분합니다. 의사는 '다섯 가지 수행법' 덕분이라고는 생 각할 수 없다지만, 나는 그저 웃기만 합니다.

- 캐시 헤르난데스(캘리포니아 주)

소화가 잘 된다

◆ '다섯 가지 수행법'을 행하자 소화가 잘 된다. 머리도 맑아 졌다. 젊음의 샘을 샘솟게 하는 매력적인 행법이다.

- 아서 I. (펜실베니아 주)

◆ 나는 '다섯 가지 수행법'의 효과를 증명할 수 있다.

행법을 시작한 지 수주일 후 나의 위궤양은 거의 완전히 치유되었던 것이다.

― 해리엣 B. (아리조나 주)

◆ 다섯 가지 수행은 아직 시행하고 있지 않지만, 식이요법을 실천하고 있습니다. 물론 멋진 결과가 있었습니다. 나는 다시 젊어지고 원기 왕성해졌습니다. 식사량이 줄고 인스턴트 식품은 이제 전혀 먹고 싶지 않습니다.

친구들에게도 이것을 권유하였는데 최근 그 중 한 사람을 만났더니 그녀도 완전히 변해 있었습니다.

― 프란시스 M.터너 (캘리포니아 주)

지금까지 못 느꼈던 기분

◈ '다섯 가지 수행법'을 시작하고부터 하루도 빠짐없이 계속하고 있습니다. 이렇게 기분 좋게 지낸 것은 태어나서 처음입니다.

– J. R.워츠(위스콘신 주)

◈ 2일 후 나는 실제로 효과가 있음을 발견하였다. 그리고 그 효과는 시간이 지남에 따라 한층 놀랄 만한 것으로 발전하였다. 지금까지 많은 훌륭한 건강 서적을 읽어보았지만 '젊음의 샘'처럼 단시간에 효과를 거두는 것은 없었다.

내 바램이 통했던 것일까?

– 루스 S. (미조리 주)

◈ 지금까지 내가 아는 것 중 최고의 수행법이다. 전세계의 모든 선량한 사람들이 이 지혜를 알게 되길 바란다.

- 니나 스튜어트(메사추세츠 주)

한국의 사례

◆ '다섯 가지 수행법'을 수련한 지 이제 만 2주가 되었다. 그 동안 수련의 효과로 얻는다던 신체의 커다란 변화는 처음에는 느낄 수 없었다.

하지만 매 수련 때마다 시원하게 샤워를 한 듯 상쾌해지는 기분, 솟아오르는 자신감, 편안히 안정되는 몸과 마음 등 수련을 즐기게 된 까닭은 이러한 매력 때문일까?

요즘에는 밤샘 작업 후에도 그다지 피로를 느끼지 않으며 수면 시간도 줄어들었다.

– 경기도 광명시, 한정우(만화가)

◆ 약 한 달 동안 '다섯 가지 수행법'을 아침, 저녁 규칙적으로 실천해 왔다.

전에 했었던 요가의 아사나 체조는 효과적이기는 하지만 동작이 어려워서 지속적으로 실행하기가 힘들었다. 그러나 이 '다섯 가지 수행법'은 쉽고 또 단시간 내에 끝나므로 지루하지 않아 계속할 수가 있었다.

시작한 지 며칠 후부터 효과를 느꼈다. 먼저 뻣뻣하고 굳은 듯하던 목과 등 부위가 많이 좋아졌고, 호흡이 깊어지고 시원하고 상쾌한 느낌이 들었다.

권태롭게만 느껴지던 일상의 모든 일들에 대처할 수 있는 힘이 샘솟았다. 그리고 주위 사람들로부터 얼굴이 좋아졌다는 말을 많이 듣게 되었다. 실제로 거울 속에 비친 내 모습이 예전보다 많이 젊어지고 밝아진 것을 스스로도 느낄 수 있었다.

더 기쁜 일은 마음이 안정되고 평온해진 것이다.

다섯 가지 행법 후의 명상은 더할 나위 없는 기쁨으로 나를 인도하고 있으며, 무한한 희망의 확대감을 느낀다.

앞으로 계속 진행한다면 더 많은 효과를 얻을 수 있을 것 같다.

행법을 가르쳐 준 친구에게 진심으로 감사한다.

– 경기고 고양시. 유형대(세관 근무)

◆ 올 봄에 나는 문득 담배를 끊어야겠다는 생각을 했다.

담배는 즐기기 위해서 피우는 건데 즐기는 정도를 넘어서서 담배 속에 갇혀 버린 나의 모습을 발견했기 때문이었다.

담배를 입에 안 대면서부터 한동안은 정신을 집중할 수 없어 무척 애를 먹었다. 그러다가 우연찮게 이 '다섯 가지 수행법'을 익히게 되었다.

처음에는 명상에 들어가기 전에 긴장된 몸을 풀어 주는 가벼운 체조 정도로 생각했다.

'다섯 가지 수행법'을 익힌지 얼마 지나지 않아서 나의 하루는 무척 바빠졌다. 시간에 쫓기다 보니 명상과 '다섯 가지 수행법'을 병행해서 할 수 없었다. 나는 생각다 못해 매일 아침 '다섯 가지 수행법'만 했는데, 그 효과는 무척 놀라운 것이었다.

금단 현상이 사라짐은 물론, 전보다 강한 집중력을 가지고 일에 전념할 수 있었다.

'다섯 가지 수행법'을 익힌지 불과 6개월이 지났을 뿐인데도

나의 몸과 마음이 무척 가볍고 투명해진 것을 느낄 수 있다.

나는 도시 생활에 지쳐 있는 친구들이나 일가 친척을 만날 때마다 '다섯 가지 수행법'을 해 보라고 권한다.

그들은 아주 간단한 몇 가지 동작이 그토록 뛰어난 효과를 발휘할 수 있다는 사실을 잘 믿으려 들지 않는다. 솔직히 어떤 때는 나 자신도 믿기지 않을 때가 있다.

아마도 직접 몸으로 체험하지 않았더라면 나 역시 그 효과를 의심했으리라.

- 도봉구 우이동, 백기문(소설가)

◆ '다섯 가지 수행법'을 행하고 난 며칠 후, 엄청난 힘과 에너지가 샘솟고 몸이 가벼워지는 느낌을 받았다.

두통 및 고질적인 축농증, 등 부위의 견비통과 경직되고 굳어 있던 부위들이 이 행법을 행하고 난 뒤 실타래가 풀려 나가듯 시간이 지날수록 점점 호전되고 있다.

과거에 여러 가지 운동 즉, 기공(氣功), 요가, 명상, 척추 교정, 지압, 마사지, 단전호흡 등을 하였으나 모두 중도에 그만 두었다.

그 이유 중의 하나는 시간이 많이 걸리고 효과는 투자한 만큼 따라 주지 않았기 때문이었다. 그러나 이 '다섯 가지 수행법' 은 간단하지만 그 효과는 엄청나게 강하다. 몸의 유연성이 되살아나고 마음의 안정을 가져다 준다.

'다섯 가지 수행법' 을 모두에게 권하고 싶다.

– 경기도 금곡, 조형섭(세무사)

◆ 이 '다섯 가지 수행법' 을 행한 후, 1주일이 지나자 요추부 위가 약간 아프면서 저녁에 잠잘 때는 무거운 피로감도 느껴졌다. 그러나 지금은 모든 것이 다 좋아졌다.

이 행법을 행하고 바닥에 누워 쉴 때면 내 몸, 특히 척추가 똑바로 퍼졌음을 느끼게 된다.

생활에 활력이 넘치고 생각이 명료해지며, 마음은 점점 안정되어 가고 있다. 특히 명상을 하는 동안은 심신이 맑아짐을 느낀다. 놀라움의 연속이다.

이 행법을 알게 된 것에 감사드린다.

– 대구시 내당 4동, 남상훈(개인사업)

◈ 이 '다섯 가지 수행법'은 척추에 대한 나의 오랜 임상 경험으로 볼 때 척추의 질병이 아직 중증으로 발전하지 않은 사람들에게 예방적인 방법으로서 아주 효과적이라 생각된다.

한방에서 말하는 이른바 기혈(氣穴)을 잘 순환시켜 주어 에너지 소통이 원활해짐을 본인이 직접 체험하였다.

많은 사람들에게 이 행법을 권하고 싶다.

— 동대문구 제기 1동, 이규복(카이로프락터)

◆ 이 행법을 행함으로써 에너지가 소생되었다. 나의 몸과 마음이 더욱 활기차고 다이나믹해졌다. 행한지 불과 며칠밖에 되지 않았으나 하면 할수록 힘이 나고 생활이 즐거워진다.

건강에 대한 가장 훌륭한 무기를 얻은 기분이다.

— 종로구 관훈동, 설기수(건강식품 회사 경영)

◆ 나는 에어로빅과 발레, 요가와 기공 등 여러 가지 운동법을 익혀 왔다. 그런데 이 '다섯 가지 수행법'을 실시한 후 이제까지 그 어떤 운동을 통해서도 느낄 수 없었던 내 자신의 육체를 자각하기 시작하였다.

몸의 율동과 에너지와 정신이 하나로 연결되는 느낌이다.

- 서초구 방배동, 정가영(에어로빅, 요가 강사)

◈ '다섯 가지 수행법'을 행하고 난 후 그동안 경직되어 있던 몸이 자연스럽게 이완되고 몸의 에너지가 변화됨을 느낄 수 있었다. 건강한 기운이 전신으로 퍼져나감을 느낀다. 행법을 시작한 지 5개월 가량 됐는데 벌써 나의 고마운 생활의 일부가 되었다.

- 경기도 부천시, 이경희(컴퓨터 디자이너)

◈ 원래 운동을 좋아하여 예전부터 요가를 비롯하여 여러 가지 운동을 하였다. 중국에서도 몇 가지 기공을 배웠는데, 특히 향공(香功)이란 기공을 행하여 다소나마 효과를 보았다.

그러나 이 '다섯 가지 티벳 수행법'을 행하고 난 뒤 모든 것이

달라졌다. 에너지가 생성되기 시작하면서 체중도 점차 줄어들기 시작하였다.

이제까지의 수많은 운동법들이 가져다 주지 못했던 특별 보너스인 셈이다. 시작한 지 몇 개월이 되지 않았지만 충분한 가능성을 느낀다. 고달픈 중국의 생활 속에서 한 줄기 광명을 찾은 느낌이다.

- 중국 유학생, 이정하

◆ 나는 거의 해 보지 않은 운동이 없을 정도로 여러 운동법을 해 보았다. 모두다 나름대로의 특성을 가지고 효과를 발휘해 준 것이 사실이다.

여러 선도(仙道) 행법들 그리고 요가와 기공(氣功), 단전 호흡과 명상법, 선(禪)체조 등 우리나라에 소개된 행법은 다 거쳐 보았다. 그러나 이 '다섯 가지 티벳 수행법'은 행하면 행할수록 그 자체가 명상이며 심오한 경지에 이르는 지름길임을 알 수 있었다.

　이 귀중한 보석 같은 행법을 더 많은 사람들과 공유했으면 싶다. 이 행법이 계속해서 나의 몸과 마음의 모든 부위를 더욱 더 발전시켜 주리라는 것을 믿어의심치 않는다.

- 종로구 인사동, 이상훈(유통업)

　◈ '다섯 가지 티벳 수행법'은 나에게 큰 힘이 되었으며, 정신 수양인 명상과 참선(參禪)공부에 많은 도움이 되었다. 이 행법은 육체적인 생동감과 활력을 주었으며, 더욱 맑은 정신력을 가져다 주어 나의 삶은 전보다 훨씬 진지해졌다.

- 종로구 인사동, 오영순(찻집 경영)

◆ 이 티벳의 '다섯 가지 수행법'을 행하고 난 뒤 오랜 좌식생활로 인한 나의 좌골 신경통과 변비통이 많이 좋아졌다. 아직도 고통받고 있는 많은 사람들에게 이 '다섯 가지 수행법'을 꼭 권해 주고 싶다.

– 종로구 관훈동, 이시규(필방 경영)

※ 다섯 가지 티벳 행법 및 기타의 방법들을 행한 후의 개인적인 경험담을 적어 보내 주시면 선별하여 책에 싣도록 하겠습니다.
애독자 여러분의 많은 참여를 부탁드립니다.

참고문헌

· 《식생활 핸드북》 이양희 저, 도서출판 지혜, 1990.
· 《자연요법 백과》 앤드류 스텐웨이 저 · 박지명 역, 하남출판사, 1994.
· 《125세에의 도전》 박연수 저, 비봉출판사, 1994.
· 《음양 감식 조절법》 이상문 저, 평단문화사, 1993.
· 《요가》 루시 리델 저 · 박지명 역, 하남출판사, 1990.
· 《100세 청년》 유태종 저, 둥지, 1989.
· *Ancient Secret of the Fountain of Youth*, Peter Kelder, Harbor Press, 1985.
· *Ayur Vedic Healing*, Dr. David Frawley, Motial Banarsidass pub, 1992.
· *Life and Teaching of the Masters of the Far East*, Baird T. Spaulding, De Vorss & Co., 1925.
· *Dhanwantair*, Harish Johari, Rupa Co., 1986.

- *Laurel's Kitchen*, Laurel Roberton, Bantam Book, 1970.
- *Chiropractic Practice*, D.D. Palmer, Palmer University pub, 1978.
- *Tibetian Relaxation*, Tarthang Tulku, Dharma, 1972.
- *Raja Yoga Meditation*, Swami Shivananda, Divine Life Society, 1946.
- *Nuclear Evolution-Discovery of the Rainbow Body*, Christopher Hill, University of the Tree Press, 1972.

하남출판사 도서 안내

❖ 21세기 자연 건강 시리즈 ❖

1. 감각깨우기
루시리델 저/박지명 옮김

인간의 감각은 무한하다. 이 책은 잠자고 있는 자신의 감각 능력을 일깨우기 위한 동서고금의 모든 기법들을 소개한다.

· 4x6 변형판/값 8,000원

2. 건강마사지
루시리델 저/박지명 옮김

마사지, 지압, 반사요법에 대한 기초적 설명과 더불어 누구나 쉽게 마사지 실기에 접할 수 있도록 사진과 도해의 상세한 해설로 편집되었다.

· 4x6 변형판/값 12,000원

3. 스트레스 풀기
알릭스키르스타 저/박지명 옮김

스트레스의 원인과 증상은 물론 효과적으로 자기 몸을 이완시키고, 스트레스를 푸는 방법이 일목요연하게 제시되었다.

· 4x6 변형판/값 12,000원

4. 요가
스와미 시바난다 요가센타 저
/박지명 옮김

요가의 고전적 안내서로 요가체조 · 호흡법 · 명상 · 식이요법등에 대해 체계적으로 서술하였다.

· 4x6 변형판/값 12,000원

5. 자연요법백과
앤드류 스텐웨이 저/박지명 옮김

질병을 미리 예방하고 자기치료 능력을 높일 수 있는 동종요법 · 약초요법 · 방향요법 · 최면 및 심령치료법 등 여러 가지 자연치료법을 다루고 있다.

· 4x6 변형판/값 13,000원

6. 에너지 황홀경
버나드쿤데르 저/박지명 옮김

인간의 몸에 존재하는 일곱 개의 차크라에 대한 이해를 돕고, 보다 용이하게 기(氣)를 운행할 수 있는 방법을 제시한다.

· 4x6 변형판/값 8,000원

7. 태극권 강좌
이찬 지음

태극권의 이론과 실기를 사진과 보법도 등을 사용하여 독자들이 보고 따라할 수 있게 자세한 동작 설명이 되어 있다. 또한 일반인들은 건신 12단금(기체조)만 하여도 자신의 건강은 지킬 수 있을 것이다.

· 신국판/값 8,500원

8. 마음이 인생을 살아간다
황화룡 지음

어려움과 괴로움을 감사와 기쁨으로 바꿀 수 있는 유연하고 강한 마음과 몸을 일깨워 주며, 생활 속의 지혜를 구하고 마음과 마음을 이어주는 인간관계를 이끌어 준다.

· 신국판/값7,000원

9. 선도기공단전호흡
김영현 지음

상고시대부터 전해 내려온 우리 고유의 전통 심신 수련법으로서 단전 호흡을 통하여 우주 공간에 충만해 있는 '기(氣)'를 마시고 '도(道)'를 터득해 신선의 경지에 이르게 한다.

· 신국판/값 8,000원

10. 성도인술(남성)
만탁 치아 저/권성희 옮김

이 책에서는 사정을 억제하여 남성의 성 에너지를 '생명 에너지'로 환원시키는 비법과 아울러 성 에너지의 배양법이 소개된다.

· 신국판/값 10,000원

11. 행운의 보석건강요법
마한비르툴리 저 /박지명 이승숙 옮김

보석을 올바르게 사용하면 돈, 명예, 건강, 행복이 저절로 따라오게 된다. 이 책은 보석의 올바른 사용법과 신체에 미치는 영향을 소개한다.

· 신국판/값 6,500원

12. 눈이 점점 좋아지는 책
M.R 버렛 저/이의영 옮김

미국, 일본 등지에서 화제가 되고 있는 최신의 시력회복 테크닉으로 근시에서 녹내장에 이르기까지 완벽하게 치료하는 기적의 새로운 Eye Training법을 그림과 함께 소개한다.

· 신국판/값 6,000원

13. 기공강좌
박인현 지음

음양학설을 중심으로 기공의 기초이론·기초수련법과 양생장수술을 직접 체험하여 그 효과를 느끼도록 하였으며, 경락학설·음양학설·오행학설·주역·고립파학설·간단한 치료법·현대과학으로써의 기공 등을 소개한다.

· 신국판/값 8,000원

14. 차크라
하리쉬요하리 저/이의영 옮김

탄트라 요가의 지침서, 컬러 화보는 탄트라 경전에 수록된 것의 모사본으로 수행자들이 명상을 할 때 절대적으로 필요한 자료이다. 청각과 시각을 함께 이용한 탄트라는 평온한 상태에서 심신 단련을 할 수 있다.

· 신국판/값 8,000원

15. 젊음을 되찾는 기적의 건강법
박지명 편저

이 책은 티벳과 인도에 고대로부터 전해 내려오는 젊음의 샘의 비밀 행법체조로 5가지 체조법만으로 근육·뼈·신경·내장 기관 및 내분비선 등에 단시일 내에 놀라운 효과를 볼 수 있게 된다.

· 신국판/값 6,000원

16. 성도인술(여성편)
만탁 치아 저/권성희 옮김

낭비되고 있는 여성의 성에너지(난자)를 '생명 에너지'로 전환기키는 고도의 테크닉이 소개된다. 즉 소주천 수련을 통한 성에너지 배양과 축적이 이 책의 핵심이며 요체이다.

· 신국판/값 10,000원

17. 실내 트레이닝
코모리 요시사다 저 /정명희 옮김

자투리 시간을 활용하여 직장에서는 물론 TV를 보면서도 가능한 트레이닝 기법으로 전 코스를 무리하게 할 필요없이 두세 가지만 골라서 끈기있게 실행하면 좋은 효과를 얻을 수 있다.

· 신국판/값 7,000원

18. 죽을 병이 아니면 다 고친다
김창무 편저

필자는 이십여 년에 걸친 간병 경험을 통하여 임상적으로 연구, 터득한 각종 요법을 실생활에 적용토록 상술. 64가지 식품의 민간요법과 처방비법을 소개, 자가 치료를 시도하는 이들에게 좋은 안내서가 될 것이다.

· 신국판/값 6,500원

19. 생활속의 다이어트
김용 지음

비만 문제에 대한 그동안의 여러 연구들이나 전승되어 온 방법들, 속설들까지 총체적으로 분석하여 과학적, 체계적으로 다루었으며 각 가정에서 틈나는대로 부분별 살빼기를 할 수 있는 생활 기체조를 소개하고 있다.

· 신국판/값 6,500원

20. 동양의학의 기원
박희준 지음

주역과 황제내경은? 동양의학과 주역은 어떤 관계에 있는가? 황제내경에는 동양의학사 3천년의 지혜가 응집되어 있는가? 동양의학은 5천년 이상의 전사를 가지고 있음을 이 책을 통해 확인할 수 있다.

· 신국판/값 9,500원

21. 신비의 쿤달리니
리 사넬라 저/방건웅 · 박희순 옮김

이책은 미국의 정신과 전문의가 자신의 경험과 환자들의 경험 및 임상 사례 등을 모아 서술한 책으로 요가 · 명상 · 기공 · 단전호흡 · 기도 · 참선등을 수련하는 수행자들이 겪는 신체적 영적 현상들을 체험 사례와 임상 경험을 통해 포괄적으로 안내한다.

· 신국판/값 8,500원

22. 정자태극권
정만청 저/이찬 옮김

氣를 단전에 모아 부드럽고 고요하게 수련하는 비전의 태극권 요결을 공개하고 태극의 음양 동작을 허와 실로 대비, 설명하여 실전에 바로 적용할 수 있게 하는 氣수련서, 건강과 호신을 자연스럽게 익히게 된다.

· 신국판/값 10,000원

23. 선도기공 시술법
김영현 지음

氣수련자는 기공시술로 일반인은 지압과 마사지 · 교정법 등을 이용하여 가정에서 병의 증상에 따른 진찰과 치료를 할 수 있게 한 책으로 사진과 그림이 이해를 돕고 있다.

· 신국판/값 12,000원

24. 참선요가
정경스님 지음

몸과 마음의 균형을 통해 생활의 활력을 되찾는 참선요가. 현대인들의 불규칙한 일상이 야기시킨 인체의 비정상적인 상태를 정상화시켜 원래의 순수한 인체로 되돌리는 참선요가의 수련 방법이 사진과 함께 자세히 설명되어 있다.

· 신국판/값 9,000원 비디오 별매/값15,000원

25. 인도명상여행
박지명 지음

인도의 실체는? 이 책의 저자는 인도에 오랫동안 머물며 인도의 고대에서 현대에 이르기까지 철학·종교·문화를 폭넓게 연구, 정리하여 인도의 진면목을 이 책에서 보여주고 있다.

· 신국판/값 10,000원

26. 풍수와 건강궁합
유경호 지음

모든 불치병과 사고의 원인은 조상의 묘를 잘못쓴 데 있다. 묘에 수맥이 지나가면 자손이 화를 입는다. 지도만 보고 명당을 찾는 초능력적인 풍수와 신비의 혈토를 찾는 비결을 공개하고 있다.

· 신국판/값 8,000원

27. 불가기공
비로영우 스님 지음

이 책은 불가(佛家)에서 비전되어 오던 최상승 기공을 소개하고 있으며, 누구라도 쉽게 익힐 수 있게끔 사진과 함께 자세한 설명을 하고 있다. 안신을 통한 안심법·의료기공곡법·지능계 발공법 등 다양한 기공의 원리와 수행 방법이 소개된다.

· 신국판/값 15,000원

28. 고급편 80동작
참선요가
정경스님 지음

고급편 80동작 참선요가는 어느정도 수련을 거친 중급자 이상의 수련자들을 배려한 참선요가의 완결편, 참선요가의 본질적인 목적이 한층 더 심도있게 다루어지고 있다.

· 신국판/값 9,000원

29. 한방으로 풀어본
성인병과 노인병 그리고 양생법
김양식 지음

인체가 노쇠해지면서 생겨나는 각종 성인병·노인병에 대한 임상 소견과 처방법, 그리고 예방법을 집중적으로 다루고 있다. 저자의 오랜 강의 경험과 진료 경험을 바탕으로 독자들은 책을 읽는 것이 아니라 진료를 받는 효과를 느낄 수 있을 것이다.

· 신국판/값 10,000원

30. 기공마사지
만탁 치아 저/김경진 옮김

기공 연구의 세계적인 권위자 만탁 치아의 비전 도교 기공 해설서·소주천 명상법·치유육성·신체 각 부위의 마사지 기법·비전의 양생법 등이 누구라도 쉽게 터득할 수 있게 풀이되어 있다.

· 신국판/값 8,000원

31. 기적의 두뇌혁명
미하엘 함 저/진일상 옮김

뇌를 건강하게 만들고 기억력을 개선시키는 방법, 그리고 뇌에서 필요로 하는 모든 영양소들을 의학적 사실에 근거해 쉽게 풀어쓰고 있다. 독일 화제의 건강베스트셀러를 기록했던 책이기도 하다.

· 신국 편형판/값 7,500원

32. 맘을 치료하는 킬러세포의 신비
기적의 암 치료 혁명
이타미 진로 저/홍성빈 옮김

암의 다각적 치료법인 솔라리엄 요법으로 화제가 되고 있는 암치료의 권위자 아타미 진로 박사의 암과 암치료의 획기적인 제안서, 사람의 몸속에 존재하는 킬러세포가 암을 자연 치유시키는 과정과 여러 치료법들을 소개하고 있다.

· 신국판/값 9,000원

33. 남산 스님의 민간피부미용법
잔주름 확 펴고
군살 쪽 빼고
남산스님 지음

자신감 있는 아름다움은 내면에서 나온다. 하지만 외모를 따로 떼어 대단치 않게여긴다면 그 역시 바른 생각이 아니다. 활기찬 생활과 건강한 삶을 위한 미용은 사치가 아니다. 몸의 균형과 아름다움을 원하는 모든 이들에게 손쉽고 가장 효과적인 민간피부미용법을 소개한다.

· 신국판/값 8,000원

34. 남산스님의
수족온욕법
남산 스님 지음

남산스님이 15년간 연구, 임상실험한 민간치유요법으로 간편한 수족온욕법으로 과학을 앞서는 치료효과를 경험, 수족온욕법의 효과를 100%증대시켜주는 핵심 파스요법 및 테이핑요법 145가지, 각종 질병에 알맞는 수족온욕법의 시간과 물온도를 상세하게 수록하였다.

· 신국판/값 10,000원

35. 현대의학과 함께 하는 기치료법
숨을 잘쉬어야
기가 산다
내과 전문의 조왕기 지음

질병은 복잡한 생각이 몸과 마음을 억눌러 인체의 저항력 감퇴를 유발하여생기는 경우가 많다. 병을 포함하여 나를 억누르는 모든 감정으로부터 원래의 편안한 상태로 돌아가기 위한 마음으로 기공을 수련하면 마음을 비울 수 있게 되므로 기와 흐흡으로 내면을 다스리고 합리적인 현대의학으로 병소를 제거한다.

· 신국판/값 8,500원

36. 알기쉬운 동양전통
　　　가정응급요법서
　　　100특효혈 자극요법
　　　김동욱 지음

동양전통침구학의 기본 경락경혈인 365혈 중에서 침술상 가장 주요한 주치혈(主治穴)중 일침신혈(一鍼神穴)이라 불리는 100명혈(名穴)또는 특효혈(特效穴)을 엄밀히 검토 선별하여, 이에 관한 치료점을 가정요법이라는 전제하에 병을 시술할 수 있도록 그림으로써 보여 주어 누구나 알기 쉽도록 엮었다.

· 신국판/값 12,000원

37. 28체질론의 체질 죽염요법
　　　체질죽염으로
　　　　　　병을 고친다
　　　백승헌 지음/이수미(약사)감수

체질을 개선하고, 건강을 되찾는 28체질론 체질죽염요법으로 피부질환을 깨끗이 치유시키는 피부미용법 · 비만을 개선하고, 체내 노폐물을 해소시키는 다이어트요법 · 두뇌기능를 향상시키는 두뇌 건강법이 만화와 함께 흥미롭고 상세하게 수록되었다.

· 신국판/값 8,000원

38. 선조로부터 물려받은
　　　부작용 없는 물리치료법
　　　활경요법
　　　박재수 지음

신체를 쓰다듬고 누르고 감싸 잡아주어 위골된 골격을 교정하고 혈관의 수축팽창 처방운동을 통해 혈관벽의 노폐물 제거와 몸전체가 제자리에서 자유롭게 활동하게 하는 전통민간요법이다. 생생한 사진과 함께 누구나 쉽게 따라할 수 있다.

· 신국판/값 12,000원

39. 한의학박사김양식원장의
　　　관절통증의
　　　　　　운동치료요법
　　　김양식 지음

근육, 관절통증의 원인과 일상생활에서 올바른 자세유지법 및 각종 근골격 질환의 통증에 관한 한방적인 치료법으로 특히 각 근육의 충분한 이완을 위한 운동요법을 통한 근육의 신장요법(스트레칭)을 소개하고 있다.

· 4x6배판/값 15.000원

40. 만병을 지키는
　　　산야초 발효액
　　　　　　요법 49가지
　　　최양수 지음

청정 자연의 생명력인 산야초 발효액은 뛰어난 혈액정화 능력과 풍부한 비타민, 무기질 및 섬유질을 함유하고 있어 내장의 기능을 활발하게 하고 신진대사를 왕성하게 한다. 기침과 가래의 특효 도라지 발효액, 여성질환에 좋은 쑥 발효액, 눈을 밝게 하는 냉이발효액 및 49가지 산야초의 효능과 발효액을 담그는 방법을 소개하고 있다.

· 신국판/값 10,000원

41. 요가란 무엇인가
어니스트 우드 지음/박지명 옮김

이 책은 종교 철학 심리학 생리학을 전공하고 예술적 교양이 높은 우드 교수가 실제 요가수행에서의 사례를 모아 자신의 경험을 바탕으로 저술한 것이다. 따라서 혼탁하고 거칠어진 현대인의 삶을 되살려줄 요가는 그 통합의 지혜와 기술, 수행과 철학이 여기에 다 있다. 요가에 관한 모든 이론과 실제가 집대성된 이 책이야 말로 훌륭한 삶의 지침서가 될 것이다

· 신국판/값 13,000원

42. 태양인 이제마의 동의수세보원
백승헌 지음

사상의학의 원전인 동의수세보원을 세계최초로 주역과 음양오행론을 도입한 28체질론으로 쉽게 풀이하고 있다. 6단계 체질분석법을 공개하여 누구든 자신의 체질을 감별할 수 있도록 하였다.

· 신국판/값 12,000원

43. 20년 노하우 식생활 민간요법 알고 먹어야 병이 낫는다
김창무 편서

뇌혈전증으로 6개월 진단을 받은 아내를 오직 식생활을 통한 민간요법, 식이요법, 한방요법 등으로 20년이나 수명을 연장케 했다. 현대의학으로도 완치되지 않는 질병을 음식으로만 치유한 그 놀라운 생명력의 회복을 엿볼 수 있다. 이 책은 저자의 수년간의 임상실험과 긴병경험을 바탕으로 음식으로써 모든 질병을 치유할 수 있다는 것을 입증하고 있다.

· 신국판/값 10,000원

1. 자신을 멋스럽게 만드는 22가지 방법
사토아야코 저/홍성빈 옮김

일·사랑·결혼 모두를 성공하는 여성의 성공학이 저자의 경험을 바탕으로 기술되어 있다. 가정과 직장이란 양립된 공간 속에서 여성들이 취해야 할 처세법을 퍼포먼스 이론을 통해 보여준다.

· 신국판/값 7,500원

2. 약간삐딱하게 사는 것도 바로 사는 것이다
담원 석혜경 지음

삶의 깨달음을 주는 지혜를 들풀 내음 물씬한 언어로 빚어내고 있는 담원 스님의 투명한 사색록, 무미건조한 일상을 감동으로 바꾸어 준다.

· 신국 변형판/값 7,000원

3. 좋은사람을 만나고 지혜롭게 사랑하라
와다 신유우 저/최병련 옮김

어떤 사람을 만나야 행복해질 수 있는가와 둘만의 행복을 위해서 자기 스스로의 내면에 갖추어야 할 것들을 주변의 예를 들어가며 설명하고 있다. 사랑에서 행복한 결혼에 이르는 열쇠는 서로가 주고받는 '말'에 있다는 것을 강조한다.

· 신국 변형판/값 7,500원

4. 성공을 부르는 신념의 기적
미야마 사토시/최병련 옮김

실패는 실패를 실패로 인정하기 때문에 실패가 된다. 성공하기 전까지는 실패란 없다. 사람 누구나가 가지고 있는 신념을 잃지만 않는다면 성공은 절대 보장된다. 이 책은 신념을 강하게 갖으면 어떻게 성공하는지를 보여준다.

· 신국판/값 7,500원

5. 행복한 바보의 여유로운 삶
이의영 엮음

물라 나스루딘의 번뜩이는 예지가 묻어나는 패러독스 직감우화 모음집. 삶에 있어서의 현명한 자세를 우화 특유의 골계미로 보여주고 있다.

· 신국 변형판/값 7,000원

6. 낙향이후
최병련 지음

일본 전통시 하이쿠를 소개하는 시집.
저자는 한국인으로선 최초이자 유일하게 일본내에서 하이쿠 작품상을 수상하였고, 전문지에 약 400여회 이상 입상한 경력을 가지고 있다. 입상한 시편들 중 338편을 실었다.

· 신국 변형판/값 6,500원

7. 주식투자 104가지 작전법
작전천국
정홍모 지음

운도 실력이 있어야 잡는다. 주식투자에서 성공하는 것은 실력이지 운이 아니다. 30여 년간 주식 시자어에서 터득한 성공적인 투자전략 104가지를 공개한다. 본전을 찾으려는 사람들의 필독서

· 신국판/값 9,000원

8. 순간순간이 항상옳고 완벽할 뿐
정경스님 지음

불교의 핵심 사상이 담긴 '마하반야바라밀다심경' 270자를 풀어 세상 사는 이야기에 견주어 보는 정경스님 특유의 맑고 단호한 사상이 담긴 사색록

· 신국판/값 8,000원

9. 그대없으므로 내사랑 영원합니다
하늘나라 엮음

이 세상에서 가장 눈물겹게 그리운 사연이 담긴 편지글 모음. 저마다의 간절한 사연이 사랑의 의미를 다시금 되새기게 해준다

· 신국 변형판/값 6,500원

10. 버려서 아름다운것들
정경스님 지음

행복이란, 하나 더 가지려는 그 탐욕을 놓아버리는 순간에찾아온다. 진정한 행복을 모르면 결코 행복해 질 수 없다. 하루 한끼 생식으로 20여 년 수행에만 정진하고 있는 정경스님의 쇠처럼 단련된 언어가 '버리는 방법'에 집중되고 있다

· 신국판/값 8,000원

11. 영원히 사랑할게요
백승헌 지음

마치 화로 속에서 훨훨 타는 불덩이를 보고 있는듯한 뜨거운 열정이 묻어 있는 아름다운 시들이 수록되었다.

· 신국 변형판/값 5,000원

12. 사랑하는 사람과 반드시 맺어지는 78가지 방법
우에니시 아키라 지음

누구나 연애에 성공하고 싶어 한다. 위험한 상황에서 사랑에 빠지기 쉽다는 적교효과, 어려운 상황에서 더 사랑하게 되는 로미오아 줄리엣의 효과와 역전법칙 등78가지의 방법이 상세히 수록되었다

· 신국변형판/값 7,500원

13. 결혼의 법칙은 있을까 없을까
배진시 지음

사랑싸움의 병법짜기는 스타크래프트보다 재밌다. 실전은 항상 스릴 있고 멋지다. 소설처럼 흐르는 이 글을 읽다보면 나도 모르게 사랑의 여전사가 된다

· 신국변형판/값 7.500원

❖ 수행을 위한 책 ❖

1. 그대는 누구인가
슈리푼자 저/김병채 옮김

깨달음을 얻기 위해선 먼저 내 안의 참 나를 보아야 한다. 그 참 나를 발견해 가는 과정을 슈리푼자의 문답식 대화를 통해 알아본다

· 신국판/값 8,500원

2. 무엇이 깨달음인가
슈리푼자 저/김병채 옮김

자기로부터의 해방과 자유, 그 깨달음 내에 있으면 온 우주와 함께 있으며 자신이 곧 우주가 된다. 수행인들을 위한 수행의 필독서

· 신국판/값 8,500원

3. 내 영혼을 만나는 바깥
오이이미츠루 저/김보경 옮김

젊은 의학자의 정통 구도체험 수행소설.
완전한 상태 '쿤바카'를 이루는 체험기

· 신국판/값 7,000원

★ **성의 비밀**
닉 더글라스 저/이의영 옮김

성과 신비주의적 체험을 바탕으로 한 카마수트라·
탄트라·만트라·소녀경 등 동서고금의 성체위에
대한 600여 컷의 도판을 게재하였고, 인도, 네팔,
티벳, 이집트, 중국, 일본 등에서 2천 년간 전설로
여겨져 왔던 성의 비밀을 적나라하게 밝히고 있다.
이 책은 성의 세계적인 백과사전이라 할 수 있다

· 국배판/값 18,000원

★ **금강계 만다라**
비로영우 스님 지음

밀교의 가르침들의 유형은 두 가지로 나눌수 있는
데 하나는 이법(理法)의 태장계 만다라 수행법이며,
하나는 지법(智法)의 금강계만다라 수행법이다.
『대미로차나성불신변가지경』 계통의 경전들이 이
법을 대표하는 경전이라면 『금강유가정경』 계통은
지법을 대표하는 경전이다.
그 가운데서 금강유가정경계통 수행법의 총체적이
며 전반적인 수행과정을 일목요연하게 설한 경전이
『오부심관(五部心觀)』인데 안타깝게도 아직 한국에
는 소개되지 못하여 필자가 책으로 출간하게 되었
다

· 신국판양장/값 29,500원

★ **화의 합기도**
윤익암 지음

합기도의 원조인 일본 '아이기도' 무술을 현지에서
직접 배우고 돌아와 국내에 보급 중인 저자가 아이
기도의 모든 기술을 망라하여엮은 책.
1500여 컷의 사진이 이해를 돕고 있다

· 4x6배판/값 18,000원

★ **600년 빛과 향기의**
흔적, 서울
김창식 지음

서울의 숨겨진 비경을 추적 300여컷의 작품을 담
은 사진작품집. 풍경에서 인물까지 소재의 다양함
은 물론 각 작품별 촬영데이터를 공개하고 창작된
특수기법을 자세하게 소개하고 있다.

· 4x6배판 올컬러/값 24,000원

★ **자가치유 건강법**
　(소주천 수련)
　만탁치아 저/이연화 옮김

소주천 수련의 비전적 기법과 아울러 자신의 내부에 있는 자기 치유 에너지를 증폭시키는 소주천 순환 명상법이 알기 쉽게 담겨져 있다

· 신국판/값 7,000원

★ 삼국유사에 실려있는
　신라밀교
　비로영우 스님　저

우리나라 밀교 수행의 흔적을 추적하는 것에서 시작하여 밀교 수행과 입문에 필수적인 오부심관 수행법을 도판을 곁들여가며 자세히 설명하고 있다

· 신국판/값 12,000원

티벳 건강법 비디오 구입 안내

상영시간 : 약50분

10년이 젊어지는 티벳 건강법

지은이/박지명

펴낸이/배기순

펴낸곳/하남출판사

초판1쇄/2002년 10월 15일

등록번호/제10-0221

서울시 종로구 관훈동 198-16 남도BD 302호

전화 (02)720-3211(代)/팩스(02)720-0312

홈페이지 http://www.hnp.co.kr

e-mail : hanamp@chollian.net

ⓒ 하남출판사, 2002

ISBN 89-7534-165-8